UNTERWEGS MIT DEINEN

Lieblingsmenschen

BERLIN

NATASCHA KOROL

emons:

Bibliografische Information der Deutschen Nationalbibliothek
Die Deutsche Nationalbibliothek verzeichnet diese Publikation
in der Deutschen Nationalbibliografie; detaillierte bibliografische
Daten sind im Internet über http://dnb.d-nb.de abrufbar.

© Fotos: Natascha Korol, außer: S. 15: Shutterstock/BAZA Production, S. 19: Sing de la Sing/Verena Eidel, S. 32: ANOHA – Die Kinderwelt des Jüdischen Museums Berlin/Yves Sucksdorff, S. 40/41: Waldhochseilgarten Jungfernheid, S. 42: GrünBerlin/ Konstantin Börner, S. 58: Festival of Lights 2014 Brandenburger Tor/Frank Herrmann, S. 59: Festival of Lights 2017 Fernsehturm/ Thorsten Thiele, S. 61: Hallesches Haus/Jon Mortimer, S. 63/64: Yorck Kinogruppe/Daniel Horn, S. 72/73: Naturschutzzentrum Ökowerk Berlin e.V, S. 74/75: Funkhaus Berlin/Rosie Ubacher, S. 90/91: Hotel-Pension Funk, S. 92: Futurium/David von Becker, S. 100/101: Café Neues Ufer/ Klaus Dahle, S. 114/115: Hamam im Frauenzentrum Schokoladenfabrik e.V./Tilo Wiedensohler, Camera 4, S. 117: Yoga at Lobe Bloc/Marianne Schmidt, S. 118: yellow yoga/Robin Kirchner, S. 123/124: vabali spa Berlin, S. 130: Shutterstock/Antonio Guillem, S. 131: Float Berlin Mitte, S. 139: Erica Naturkosmetik/Silvie Bonn, S. 140/141: www.d-s-m.com, S. 142: Atelier Culinário/Carina Adam, S. 143: Atelier Culinário/Inken Sarah Mischk, S. 145: Berlin Burlesque Akademie/Maizucker, S. 152/153: Werke von Micha Zander, S. 155: Röststätte Berlin/Tai Lückerath, S. 189: Ana Glass Design/Claudia Araujo, S. 165: tenzan lab., S. 177: himmelbeet gGmbH, S. 179: Zeroliq Bar Berlin, S. 183: Hotel Adlon Kempinski Berlin, S. 189: Mundvoll/Metin Yilmaz, S. 192: Zenner/ Janek Grahmann, S. 194/195: Zucker&Jagdwurst, S. 205: C/O Berlin/David von Becker, S. 207/208: ©SPB/Natalie Toczek, S. 114/115: Hamam im Frauenzentrum Schokoladenfabrik e.V./ Tilo Wiedensohler, Camera 4, S. 217: cie. toula limnaios, Tempus Fugit/Cyan, S. 221/222: Aquarium Berlin, S. 233: Deutsche Oper/Bernd Uhlig, S. 235: URBAN NATION. MUSEUM OF URBAN CONTEMPORARY ART, Brave Wall Katerina Voronina/Nika Kramer, S. 237: Maxim Gorki Theater, großes Haus/Nils Tammen, Vorlage der Illustrationen auf dem Cover/Inhaltsverzeichnis: shutterstock/iconim und shutterstock/Sergi Martin

Gestaltungskonzept und Satz: Heike Kluge, Herdecke
Illustration: Heike Kluge, Herdecke
Umschlaggestaltung: Heike Kluge, Herdecke
Druck und Bindung: Grafisches Centrum Cuno, Calbe
Printed in Germany 2021
ISBN 978-3-7408-1227-0

Unser Newsletter informiert Sie regelmäßig über Neues von emons:
Kostenlos bestellen unter
www.emons-verlag.de

VORWORT

Quer durch Berlin geht es auf den nächsten 240 Seiten – mit der Oma, der Busenfreundin, dem besten Kollegen der Welt, dem Patenkind oder einem anderen tollen Menschen. Ein paar schöne, vielleicht sogar unvergessliche Stunden in der Hauptstadt liegen vor euch!

Zeit miteinander zu verbringen, ist ein kostbares Geschenk; das hat uns die Coronakrise deutlich vor Augen geführt. Und sie hat auch ihre grünen Spuren in diesem Buch hinterlassen: Der Stadtspaziergang steht wieder hoch im Kurs und Ausflüge an der frischen Luft sind grundsätzlich und zu jeder Jahreszeit eine gute Idee. Also feiert die Kirschblüte in den Gärten der Welt, genießt den Sommer im Retro-Tretboot auf der Spree, wirbelt das Herbstlaub im Schlosspark Biesdorf in die Luft und schlendert über den Weihnachtsmarkt im schönen Alt-Rixdorf.

Wer Entspannung sucht, findet sie hoffentlich bei einer Yogastunde über den Dächern der Stadt, im Hamam, auf einer Schifffahrt über sieben Seen oder bei einem Kakigōri-Eis. Großgeschrieben wird auch die Kultur: Lasst euch in Prenzlauer Berg vom zeitgenössischen Tanz betören, in Wedding von Klavierklängen zu Tränen rühren und in Mitte von politischem Theater inspirieren. Ihr werdet lieber selbst kreativ? Voilà, singt in einem wild zusammengewürfelten Chor, gestaltet euer eigenes Siebdruckwerk oder erlernt die Kunst der Burlesque. Alles ist möglich in dieser Stadt – und zu zweit macht's immer doppelt Spaß.

An dieser Stelle ein dickes Dankeschön an Mama, Papa, Anna, Tine, Diana, Sanne, Katja, Laurence, Irene und Emanuele – ihr seid spitze.

Und nun viel Vergnügen mit euren Lieblingsmenschen!

DU BIST VERRÜCKT MEIN KIND,

DU MUSST NACH BERLIN.

WO DIE VERRÜCKTEN SIND, DORT GEHÖRST DU HIN.

(BERLINER VOLKSMUND,

NACH EINER MELODIE VON FRANZ VON SUPPÉ)

Hallo Lieblingsmensch,

ich blättere gerade durch das Buch »Berlin. Unterwegs mit

deinen Lieblingsmenschen« und möchte total gern

Seite _____ mit dir teilen.

Es geht um _____.

Hast du Lust?

Dann lass uns am _____ dort treffen.

Voller Vorfreude

_____

INHALTSVERZEICHNIS BERLIN

GEMEINSAM AKTIV SEIN

ARM IN ARM DIE STADT ERKUNDEN

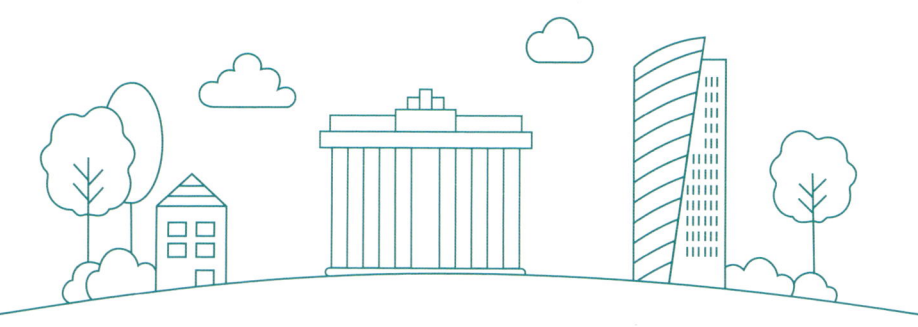

MITEINANDER ENTSPANNEN

ZUSAMMEN KREATIV WERDEN

KÖSTLICHKEITEN TEILEN

SEITE AN SEITE KULTUR ERLEBEN

MIT DEM LIEBLINGSMENSCHEN

*Gemeinsam
aktiv sein*

ZUSAMMEN BUNDESLIGA GUCKEN

BERLINER FUSSBALLKNEIPEN

www.schwalbeberlin.de, www.tante-kaethe-fussballkneipe.de
www.hopsandbarley.eu, www.der-hase.berlin, www.soulcat-berlin.com

In Berlin gibt es sie wie Sand am Meer: Fankneipen. Einige sind allerdings besonders und durchaus einen Samstagsausflug mit dem Fußballkumpel oder der Kumpeline wert. Ganz entspannt geht es zum Beispiel in der »Schwalbe« in Prenzlauer Berg zu, stets ist sie voller netter Menschen, die gemeinsam jubeln, leiden und sich empören, den Abstieg beweinen und den Aufstieg begießen. Das Publikum favorisiert den 1. FC Köln, weshalb hier auch Kölsch auf der Karte steht. Geraucht (und dabei wild gefachsimpelt) wird vor der Tür.

Alle, die ihr Herz an den SC Freiburg oder Arminia Bielefeld verloren haben, können bei »Tante Käthe« im Mauerpark Gleichgesinnte treffen und sich an einem der zehn (!) Kicker verausgaben. Platz gibt es reichlich, und auch hier gilt: Rauchen nur draußen.

Mit großem Vergnügen frequentieren Anhänger von Borussia Mönchengladbach das schöne »Hops & Barley« in Friedrichshain – auch wegen des mit viel Herz selbst gebrauten Naturtrüben. Schlürft ihr gern hausgemachten Rhabarberlikör und präferiert den BVB, empfängt euch ein paar Ecken weiter der gemütlich-familiäre »Hase« mit offenen Armen und echter Hasenliebe.

Wer auf Werder Bremen und den Sound der 1950er und 1960er Jahre steht, wird im Neuköllner »Soulcat« sicherlich ein paar glückliche Stunden verbringen. Aus dem Zapfhahn fließt hier reines Flens, und der Mexikaner stammt aus eigener Herstellung.

Für alle Kneipen gilt: Will man zwei gute Sitzplätze ergattern, ist zeitiges Erscheinen ausgesprochen ratsam.

DURCH KREUZKÖLLN ZUR SPREE PADDELN
KAYAK BERLIN TOURS

gegenüber des Carl-Herz-Ufer 9, 10961 Berlin
www.kajakberlintours.de
ÖPNV: Haltestelle Prinzenstraße oder Wilmsstraße

Es ist Sommer in Kreuzberg. Von der Wiese am Urbanhafen schweift der Blick über den Landwehrkanal zum gegenüberliegenden Böcklerpark weiter zu den Schwänen, die elegant ihre Runden ziehen. Einmal so wie sie auf dem Wasser dahingleiten, das wäre was. Und siehe da, der Traum kann sofort in Erfüllung gehen: Direkt an der Baerwaldbrücke gegenüber des wunderbaren Cafés A. Horn befindet sich der Kanuverleih Kayak Berlin Tours oder vielmehr: Hier steht der blaue Lkw, in den die Paddelboote jeden Abend ein- und am nächsten Morgen wieder ausgeladen werden. Wer eine geführte Tour gebucht hat – in unserem Fall die Ost-Panorama-Tour –, wird dort sogleich von einem Crew Member unter die Fittiche genommen und mit einer Schwimmweste ausgestattet. Hat man den Zweisitzer zum Landwehrkanal hinuntergerollt, ist das Kajak-Einmaleins an der Reihe. Auch Ungeübte lernen dabei, wie das Doppelpaddel zu halten ist, um gut voranzukommen. Und, ganz wichtig: Wer hinten sitzt, lenkt.

Der Einstieg ist eine wackelige Angelegenheit; erst wenn sich jeder gut in seinem Sitz eingerichtet hat, geht es los. Immer rechter Hand Richtung Spree, die Admiralbrücke als erstes Etappenziel vor Augen. Es kann ein bisschen dauern, bis der gemeinsame Rhythmus gefunden ist, aber irgendwann flutscht es, spätestens an der Kottbusser Brücke, von der aus einem wildfremde Menschen zuwinken.

Wenn das Kanu dann schwerelos über die Wasseroberfläche gleitet, geschieht etwas Wunderbares: Man entspannt sich. Und entdeckt das

Ufer neu – da, die Ankerklause hat ja unten am Ufer einen pittoresken Mini-Biergarten! Und oh, was kommt denn da? Ja, auch Touristendampfer sind hier unterwegs. Aber da der Landwehrkanal für sie eine Einbahnstraße ist, kann man ihnen ganz leicht aus dem Weg paddeln,

nur immer schön rechts halten. Und das Schaukeln der Wellen genießen, die sich hinter ihnen ausbreiten.

So unterquert man Brücke für Brücke, und die Zeit vergeht wie im Fluge. Hinter der Thielenbrücke macht der Landwehrkanal eine große Linkskurve, und wer hier genau hinschaut, entdeckt vielleicht den einen oder anderen fleißigen Bieber (oder zumindest einen von ihm angeknabberten Baum). Nach der Schlesischen Brücke dann das nächste Abenteuer: Um zur Spree zu gelangen, muss die Oberschleuse passiert werden. An der Wartestelle wird ein Halt eingelegt, bis die Schleusenampel auf Grün schaltet – und dann nichts wie raus in den Osthafen, wo Kreuzberg, Treptow und Friedrichshain quasi ineinanderfließen. Im Volksmund stehen diese drei Stadtteile sinnbildlich für das nächste Tour-Highlight, unter dem man ganz frech hindurchfährt: der Molecule Man. Sein Schöpfer, der US-amerikanische Künstler Jonathan Borofsky, sieht in ihm allerdings die Vereinigung aller Moleküle der Menschheit, symbolträchtig platziert an diesem Ort, der früher Ost- und Westberlin trennte.

Während man noch weiter über die Bedeutung der beindruckenden 30 Meter hohen und 45 Tonnen schweren Skulptur sinniert, gibt es einen letzten Richtungswechsel zum Höhepunkt der Tour, dem wohl schönsten Wahrzeichen des Bezirks Friedrichshain-Kreuzberg: der Oberbaumbrücke mit dem Berliner Fernsehturm im Hintergrund. Was für ein Panoramablick, welch schöner gemeinsamer Moment mitten auf der Spree. Ganz trunken von dem Anblick paddelt es sich dann recht beschwingt zurück zum Urbanhafen.

CLEAN UP BERLIN:
MITEINANDER DIE STADT AUFRÄUMEN

Ob auf dem Landwehrkanal, der Spree oder der Havel, viel zu oft treiben Dinge im Wasser, die da einfach nicht reingehören. Gerade bei einer Kanutour oder einem Uferspaziergang ist der Plastikmüll häufig nicht zu übersehen. Wer aktiv etwas dagegen unternehmen möchte, ist bei den Clean-up-Aktionen der Initiative ALLES IM FLUSS genau richtig. Die Macher:innen haben sich die Reinhaltung der Berliner Gewässer und Ufer auf die Fahne geschrieben.

Mitmachen ist ganz einfach: Kommt an den Aktionstagen zum jeweiligen Treffpunkt am Urbanhafen oder an der Rummelsburger Bucht, schnappt euch einen Müllsack und sammelt sämtliche Plastikflaschen, Zigarettenstummel und Kronkorken ein, die euch in die Quere kommen. Am Ende werdet ihr stolz, aber auch etwas fassungslos vor einem beträchtlichen Müllberg stehen. Wer einmal mitgemacht hat, ist immer wieder mit von der Partie. Weil es sich gut und richtig anfühlt, gemeinsam etwas für die Umwelt zu tun.

Ein besonderes Event für Umweltschützer:innen ist der »World Cleanup Day« im September. Da könnt ihr ganz Berlin, seine Straßen, Parks, Wälder und Flüsse von achtlos entsorgtem Müll befreien.

➤➤ www.allesimfluss.berlin

TIPP

MIT ALLEN SINGEN, ALL NIGHT LONG
SING DELA SING

www.singdelasing.de

»Lass uns doch mal bei einem Live-Karaoke mitmachen!« – »Vor Fremden rumträllern? Never!« Aber was, wenn diese Fremden alle gemeinsam singen? Dann heißt das in Berlin nicht Kirchenchor oder Gesangsverein, sondern Sing dela Sing. Und funktioniert folgendermaßen: Die Songtexte von Hits wie Coldplays »Viva la Vida«, Madonnas »Like a Prayer« oder Peter Fox' »Alles neu« werden auf große Leinwände projiziert, und das gesamte Publikum, unterstützt von Piano und Schlagzeug, wird zur leading voice.

Die Idee hatte Musiker Gunter Papperitz, als er auf einer Geburtstagsparty gebeten wurde, ein paar Songs auf dem Klavier zu spielen und das Ende vom Lied war, dass ihn die Gäste bis in die frühen Morgenstunden lauthals und textstark unterstützten. Mit Sänger Cem Süzer und Schlagzeuger Bela Brauckmann war das Team bald komplett. Seit 2016 laden die drei an so schönen Orten wie dem Spiegelsaal in Clärchens Ballhaus, dem Heimathafen Neukölln oder dem Monbijou Theater an der Spree zum kollektiven Mitsingen ein. Das Projekt boomt und entwickelt sich stetig weiter: 2020 mischte im Potsdamer Nikolaisaal sogar das Deutsche Filmorchester Babelsberg mit, man zog coronabedingt kurzerhand ins rbb Fernsehen um und komponierte mit »Wir drehen den Sommer auf« zur Abwechslung selbst einen Mitsing-Song.

Singen hebt übrigens erwiesenermaßen die Stimmung, entspannt und baut ordentlich Stress ab. Also nur keine Hemmungen, schnappt euch die Freundin, den Partner oder die Mutti und stimmt mit ein. Ihr werdet staunen, wie glücklich es euch macht.

A FACE ON A LOVER WITH A FIRE IN HIS HEART
A MAN UNDER COVER BUT YOU TORE ME APART
THIS YEAR TO SAVE ME FROM TEARS
I'LL GIVE IT TO SOMEONE SPECIAL

VOM TECHNIKMUSEUM ZUR KULTURBRAUEREI RADELN
INDUSTRIEKULTUR BERLIN

www.industriekultur.berlin

Ist der Lieblingsmensch technikverliebt, gern mit dem Rad unterwegs und dem Gerstensaft nicht abgeneigt? Dann könnte das Motto des nächsten Ausflugs »Warmes Licht und kühles Bier« lauten. Einfach den gleichnamigen Routen-Flyer des Berliner Zentrums Industriekultur downloaden und losfahren, 24 Kilometer durch »Elektropolis«, zu 15 Orten, an denen Industriegeschichte geschrieben wurde. Klingt spannend? Ist es auch.

Start- und Endpunkt ist am Deutschen Technikmuseum, auf dem Gelände des ehemaligen Anhalter Güterbahnhofs. Zur »Mutterhöhle der Eisenbahnen«, wie Walter Benjamin den 1880 eröffneten Anhalter Bahnhof bezeichnete, fährt man nur wenige Minuten; vom einstigen »Tor zur Welt« ist leider nur der Portikus erhalten. Ganz in der Nähe, in einer Werkstatt im Hinterhaus, hatte der erfinderische Elektroingenieur Werner Siemens an der Optimierung des elektrischen Zeigertelegrafen getüftelt und 1847 die »Telegraphenbauanstalt Siemens & Halske« mitbegründet. Etwas weiter nördlich steht das älteste erhaltene Stromkraftwerk Deutschlands. Wer hätte in dessen Baujahr 1885 geahnt, dass hier eines Tages im legendären E-Werk elektronische Klänge bis in die späten Morgenstunden erzeugt würden?

Nächste Station ist das Museum für Kommunikation Berlin, dessen Besichtigung sich schon wegen der Blauen Mauritius lohnt. Danach heißt es in die Pedale treten, quer durch Mitte und entlang des Schifffahrtskanals bis zum Abspannwerk Scharnhorst am Nordhafen. Diese »Kathedrale der Elektrizität« entstand – ebenso wie das Umspannwerk Humboldthain – 1927 nach Plänen von Hans Heinrich Müller. Weiter

geht es durch den Wedding zur 1890 errichteten AEG-Apparatefabrik. Vier Jahre später schon wurde expandiert; im Stil der Neuen Sachlichkeit entstand die Fabrikstadt AEG am Humboldthain. Beide Standorte wurden durch den 295 Meter langen AEG-Tunnel verbunden, in dem eine elektrische Röhrenbahn Arbeiter und Material von A nach B beförderte.

Mit der Brauerei Groterjan in Prenzlauer Berg rückt das flüssige Brot in den Fokus. 1894 hatte Christoph Groterjan ein Patent auf sein Malzbier angemeldet und sich 1907 eine Jugendstilvilla gegönnt, in deren Nähe bald darauf die Hochbahn an der Schönhauser Allee gebaut wurde. Eine U-Bahn auf einem Viadukt? 1913 ein Kuriosum! Aber zurück zum Bier: Etwas südlich liegt die KulturBrauerei, die 1878 noch Schultheiss-Brauerei hieß und als größte und modernste Bierproduktionsstätte Europas galt. Heute ist das Areal ein Ort für Kultur, und in Kessel- und Maschinenhaus wird getanzt. Nächster Stopp ist die ehemalige Brauerei Pfefferberg, deren Gründer Joseph Pfeffer 1844 ganz frech bayerisches Bier und damit das Rezept für untergäriges Bier nach Berlin importierte. Damals wie heute erfreuen sich der Biergarten und das Selbstgebraute großer Beliebtheit.

Die letzte Etappe beginnt auf der anderen Spreeseite, wo das ehemalige zentrale Kraftwerk Ostberlins in den Himmel ragt. 2006 zog hier der Techno-Club Tresor ein und es wurde wieder: getanzt. Einmal quer durch Kreuzberg 36 fährt man weiter zum Gasometer Fichtestraße, in dem Leuchtgas für die Straßenlaternen gespeichert wurde; im Zweiten Weltkrieg fungierte er als Mutter-Kind-Bunker. Gleich nebenan dann der letzte Punkt der Tour: die Höfe am Südstern, die Anfang des 20. Jahrhunderts entstanden und ein Beispiel für die »Kreuzberger Mischung« sind: Hier wurde gelebt und gearbeitet; in den Hinterhöfen waren Werkstätten und sogar Pferde- und Kuhställe untergebracht.

SELTENE EINBLICKE ERHALTEN: TAG DES OFFENEN DENKMALS

Alle Jahre wieder am zweiten Septemberwochenende öffnen mehr als 300 denkmalgeschützte Berliner Bauwerke und Gärten ihre Türen. Das Besondere: Viele sind der Öffentlichkeit die restlichen 363 Tage nicht zugänglich, und der Eintritt ist überall frei. Eine großartige Gelegenheit also, unbekannte Orte zu entdecken, etwa Haus und Garten der Dadaistin und Collagekünstlerin Hanna Höch in Heiligensee oder die historische Bethanien-Apotheke in Kreuzberg, in der Theodor Fontane noch seinem bürgerlichen Beruf nachging. Spannende Führungen gibt es auch durch das architektonisch interessante UNESCO-Welterbe Hufeisensiedlung Britz, die ehemalige Stasi-Zentrale in Lichtenberg, das wunderschöne Stadtbad Prenzlauer Berg oder die restaurierte Kaiser-Wilhelm-Gedächtniskirche. Und, und, und – das Programmheft quillt nur so über vor Möglichkeiten! Es ist gedruckt und als Download immer ab Mitte August erhältlich.

➤➤ www.berlin.de/denkmaltag

TIPP

SICH IM
DREIVIERTELTAKT WIEGEN
BALLHAUS WALZERLINKSGESTRICKT

Am Tempelhofer Berg 7d, 10965 Berlin
www.walzerlinksgestrickt.de
ÖPNV: Haltestelle Bergmannstraße

Angenommen, ihr möchtet den Bund der Ehe schließen und auf der Hochzeitsfeier einen Walzer à la Emma Stone und Ryan Gosling in »La La Land« hinlegen, habt aber keinen Schimmer, wie man so beschwingt in den Himmel hineintanzt? Dann kann euch im Kreuzberger Bergmannkiez geholfen werden: Beim walzerlinksgestrickten »Hochzeits-Crash« lernt ihr ganz entspannt als Paar übers Parkett zu schweben.

Seit 25 Jahren wird in den Hallen der ehemaligen Habelschen Malzbierbrauerei das Tanzbein geschwungen und unterrichtet. Im besten Fall studieren Schülerinnen und Schüler nicht nur stoisch Schritte ein, sondern verinnerlichen sie. Das glückt im Walzerlinksgestrickt so gut, weil hier auch auf die Herkunft des Tanzes und das damit verbundene Lebensgefühl eingegangen wird. Die Liste der Kurse ist lang: Von Standard – also Langsamer und Wiener Walzer, Foxtrott, Tango und Slowfox – über Latein – Cha Cha Cha, Boogie, Jive, Samba – bis zu Swing, Discofox, Salsa und sogar Charleston wird hier alles gelehrt und gelebt, für absolute Beginner, Fortgeschrittene und Profis.

Im großen Ballsaal mit den meterhohen Fenstern und roten Samtvorhängen – die Goldenen Zwanziger lassen grüßen – finden in schöner Regelmäßigkeit Tanzlustbarkeiten wie die TangoNacht, »Üben und Vergnügen« oder Motto-Bälle statt. Und wer weiß – vielleicht werdet auch ihr mit dem Tanzvirus infiziert und kommt nach der Hochzeit wieder? Denn schön ist es schon, wenn die Musik direkt in die Beine geht und von dort ins Herz hüpft.

BESONDERE BÄUME BESUCHEN
DICKE MARIE UND DIE BURGSDORF-LÄRCHE

Dicke Marie: An der Malche 1, 13507 Berlin
Burgsdorf-Lärche: Mühlenweg, 13507 Berlin
ÖPNV: Haltestelle Alt-Tegel oder Tegel

»Wohin fahren wir?«, fragt das Kind. – »Zum ältesten Berliner Baum. Und dann auch noch zum höchsten!«, antwortet die Mutter. Denn wie es der Zufall will, stehen beide unweit voneinander im schönen Tegeler Forst. Wer mit U- oder S-Bahn anreist, läuft nur ein paar Minuten bis zur Greenwichpromenade. Während der Erwachsenenblick noch ganz verzückt auf dem Tegeler See ruht, hat das geschulte Kinderauge schon die MS Moby Dick erspäht, die hier oft vor Anker liegt. Doch auch wenn das Ausflugsschiff (oder besser: der Ausflugsfisch) mit seinen Walfischzähnen noch so einladend grinst – der Wald ruft! Also nichts wie vorbei an Minigolfplatz und Bootsverleih und über die rote Hafenbrücke, auch »Sechserbrücke« genannt, zur Großen Malche. Der idyllische Uferweg gibt immer wieder den Blick aufs Wasser frei, auf dem sich entspannt die Segelboote wiegen. Kurz vor dem Ausflugslokal Waldhütte führt rechts ein kleiner Pfad zum ersten Etappenziel, der dicken Marie. Mit ihren über 800 Jahren – manche Quellen sagen sogar 900! – gilt sie als ältester Baum der Hauptstadt. Fest in der Erde verwurzelt reckt die 20 Meter hohe Eiche würdevoll ihre greisen Äste in den Himmel. Sogar der junge Goethe soll der Grande Dame 1778 einen Besuch abgestattet haben. Seinen Zeitgenossen Alexander und Wilhelm von Humboldt, die im nahe gelegenen Schloss Tegel ihre Kindheit verbrachten, verdankt sie ihren Namen – eine Anspielung auf die Köchin Marie, die einen vergleichbaren Bauchumfang gehabt haben soll.

Und weiter gehts! Hinter der Waldhütte überquert man die Straße »Schwarzer Weg« und biegt direkt in den Mühlenweg ein, auf dem es zwei Kilometer geradeaus und immer tiefer in den Wald hineingeht. Die Stadt mit all ihren Geräuschen rückt in weite Ferne, und die wun-

derbare Ruhe rieselt wie ein Laubregen sanft aufs Gemüt. Nach der Konradshö-her Straße sind es nur noch 500 Meter bis zum zweiten Highlight des Tages: dem höchsten Baum Berlins. Rechter Hand, umgeben von ebenfalls recht stattlichen Buchen, steht die 42,5 Meter hohe und fast drei Meter breite Lärche da wie eine Eins. Gepflanzt wurde sie 1795 von Oberforstmeister August von Burgsdorf, weshalb sie auch »Burgsdorf-Lärche« genannt wird. Ein schöner Ort für eine kleine Verschnaufpause!

Zurück in Richtung See geht es über einen Pfad direkt gegenüber und vorbei an einem Hochsitz, bis man wieder auf einen größeren Weg stößt. Hier links ein-biegen, um nach etwa 1,5 Kilometern zu einer weiteren Attraktion zu gelangen: Zwei große Gehege, in denen Wildschweine und ihre zuckersüßen Frischlinge sowie Dam- und Muffelwild mit Nachwuchs aus nächster Nähe beobachtet und gefüttert werden können (aber bitte nur mit art-gerechtem Futter aus dem Automaten). Nach so viel Action kann man sich nun ganz bequem ab Haltestelle Försterweg vom Bus 222 zurück zur U-Bahn kutschieren lassen.

Im Sommer lohnt sich auch ein Abstecher zum Strandbad Tegel, das 2021 wiedereröffnet wurde, oder zur Badestelle Arbeiterstrand direkt nebenan. Eine weitere Möglichkeit wäre, an der Badestelle Reihen-werder kurz in den See zu hüpfen und über den traumhaft schönen Uferweg, der an der Villa Borsig vorbeiführt, zur Greenwichpromena-de zurückzuschlendern, wo es bestimmt noch ein großes Eis für den kleinen Lieblingsmenschen gibt.

WO LIEGT DER MITTELPUNKT BERLINS?

Irgendwo im Bezirk Mitte – könnte man meinen. Vielleicht am Alexanderplatz? Womöglich markiert der Fernsehturm das Zentrum der Hauptstadt? Oder das Stadtschloss? An der Haltestelle Stadtmitte wäre auch noch eine Möglichkeit.

Aber nein: Laut Vermessungsamt liegt das geografische Zentrum der Hauptstadt bei 52 Grad, 30 Minuten 10,4 Sekunden nördlicher Breite und 13 Grad, 24 Minuten 15,1 Sekunden östlicher Länge. Oder einfacher: in der Alexandrinenstraße, Kreuzberg. Zwischen den U-Bahn-Stationen Moritzplatz und Prinzenstraße. Quer gegenüber von St. Agnes, in der die König Galerie junge zeitgenössische Kunst zeigt, und hinter dem Lobecksportplatz, auf dem der BSC Südring trainiert. Ganz unscheinbar am Wegesrand – fast übersieht man ihn – liegt der Gedenkstein, eine Granitplatte, in die die Konturen der Stadt eingemeißelt sind. »Hier befindet sich der Mittelpunkt Berlins« ist darauf zu lesen; ein Pfeil zeigt auf Kreuzberg. Und irgendwer hat ein bisschen Grün-Gelb darüber gesprüht.

TIPP

IN DEN WEDDING REINHÖREN

DIE KIEZPOETEN

kiezpoeten.com/poetry-slam_berlin/poetry-slam-audiotour
ÖPNV: Haltestelle Leopoldplatz

Not macht erfinderisch: Als in Coronazeiten Poetry Slams vor Publikum nicht möglich waren, hat das Kollektiv Kiezpoeten kurzerhand Audiotouren aufgenommen. Prima Idee, wo der Stadtspaziergang gerade sein Comeback feierte! Wer weiterhin gern zu zweit durch Kieze wie Mitte, Spandau oder Wedding wandelt und dabei Wortkunst sowie Anekdoten zu Stadtgeschichte, Architektur und Bevölkerung hören mag – voilà. Habt ihr euch die »Wedding Slam Audio Tour« von der Website aufs Smartphone geholt, benötigt ihr nur noch Kopfhörer und ein bis zwei Stunden Zeit. Eine kleine Karte gibt's inklusive.

Kurzweilig und detailverliebt führen die Kiezpoeten Samson und Jesko an ihre Lieblingsplätze in Berlins berühmtem Arbeiterbezirk. Startpunkt ist am Leopoldplatz; von hier schlendert ihr, den musikalischen Happen »Imbiss« im Ohr, zum Kulturort Silent Green im ehemaligen Krematorium Wedding. Weiter gehts zum Gewerbe- und Künstlerquartier Gerichtshöfe und von dort zur Wiesenburg: Einst Zufluchtsstätte für Obdachlose, war sie auch Quell der Inspiration für Kurt Tucholsky und Erich Kästner, aus dessen Gedicht »Vorstadtstraßen« so passend zitiert wird.

Immer an der Panke entlang landet ihr vor dem Amtsgericht Wedding, wo sich Brauseboy Robert Rescue zu Wort meldet. In der Uferstraße ist der Zeitpunkt für eine Pause gekommen: Im Café Pförtner gibt es sehr leckeren Kuchen in einem umfunktionierten Bus. Vorbei an den Uferhallen gelangt ihr schließlich zur Endstation am Luisenbad. Mit einer erotisch angehauchten Interpretation von Clemens Brentanos »An die Nymphe der Heilquelle zu Baden« könnt ihr euch weiter Richtung Pankow treiben lassen.

SPIELERISCH DIE ARCHE NOAH ERKUNDEN

ANOHA. DIE KINDERWELT DES JÜDISCHEN MUSEUM BERLIN

Fromet-und-Moses-Mendelssohn-Platz 1, 10969 Berlin
www.anoha.de, barrierefrei, Eintritt frei
ÖPNV: Haltestelle Jüdisches Museum Berlin

Tosende Wellen umgeben uns, ein Unwetter zieht auf. Gerade noch waren es doch nur ein paar Regentropfen und wir sind fröhlich in die Pfützen gehüpft! Auch wenn der Beginn der Sintflut nur auf der Leinwand und mit akustischen Mitteln nachgestellt wird, taucht man in der Kinderwelt des Jüdischen Museum Berlin doch sofort ein in die Geschichte der Arche Noah, die in der Tora, dem Koran und der Bibel erzählt wird. Welch Glück, dass auch wir uns auf das riesige, raumschiffartige Holzschiff flüchten können – wer mag, sogar über eine Giraffenrutsche. Aber da, der Eisbär, der braucht Hilfe! Wenn alle zusammen anpacken, schafft auch er es an Bord zu den anderen 150 Tieren, die hier schlafen, fressen, in die Schule gehen und natürlich auch mal aufs Klo müssen. Jedes Geschöpf ist ein recyceltes Kunstwerk und von einmaliger Schönheit: das Kamel, dessen freche Schnauze aus ausgedienten Stiefeln so lebendig wirkt; die dickköpfige Eselin zeigt ihre Zähne aus Schreibmaschinentasten und das freche Krokodil seine Skateboardzunge. An der überdimensionalen Anakonda können die Kids hoch aufs Dach klettern, und auf dem gemütlichen Faultier macht Ausruhen sogar richtig Spaß.

Anfassen, Spielen und Erforschen wird großgeschrieben im 2021 eröffneten ANOHA, das in der ehemaligen Blumengroßmarkthalle direkt gegenüber des Haupthauses seinen Platz gefunden hat. Ein Ort, an dem wir – nicht nur durchs Fernglas – in eine bessere Zukunft blicken und zum Abschluss unsere Wünsche an einen kunterbunten Regenbogen pinnen können.

ZWEI BERLINER GIPFEL BEZWINGEN
MÜGGELTURM UND MÜGGELBERGE

Straße zum Müggelturm 1, 12559 Berlin
www.müggelturm.berlin
ÖPNV: Haltestelle Wendenschloss oder Rübezahl

Boah. Was für eine Aussicht! In weiter Ferne ein Strich in der Landschaft – der Fernsehturm. Bei guter Sicht sind sogar die Kuppeln der alten Abhörstation auf dem Teufelsberg zu sehen. Im Norden der Müggelsee, im Süden die schön geschwungene Dahme; Tropical Island und ein Flugzeug im Landeanflug auf den BER. Und dazwischen ein Meer an Bäumen.

126 Stufen führen hinauf zum Müggelturm, vier Euro kostet das Vergnügen. An bestimmten Tagen ist der Eintritt frei, für Paare beispielsweise am Valentinstag, für Frauen am Frauentag, für die Kleenen am Kindertag, et cetera. Der fast 30 Meter hohe, schlanke Turm thront auf dem Kleinen Müggelberg und war zu DDR-Zeiten ein populäres Ausflugsziel. In der Silvesternacht 1961 war das Ensemble aus Gaststätte, Aussichtsplattform und Turm eröffnet worden, nachdem sein Vorgänger, der historische Müggelturm, 1958 abgebrannt war. Dieser war 1890 vom Köpenicker Unternehmer Carl Spindler gestiftet worden; die Bevölkerung war entzückt und pilgerte in Scharen zu der 27 Meter hohen, hölzernen Pagode. So wurden 1928 zwei Treppen zur Anhöhe errichtet: Eine führt über 111 Stufen vom Teufelssee hinauf, die andere beginnt am Langen See und zählt 243 Stufen. Bis heute führen sie die Besucherinnen und Besucher auf direktem Weg zum »neuen« Müggelturm, dessen Grundstein 1959 gelegt wurde. Ein Jahr zuvor hatte die Berliner Zeitung einen Architekturwettbewerb ausgerufen; ein Studentenkollektiv der Kunsthochschule Berlin-Weißensee

Höchster natürlicher Berg Berlins
114,80 m über (NN) NHN

gewann, und Turm & Co. wurden nach dessen Plänen verwirklicht. Nach der Wende geriet das Köpenicker Wahrzeichen in Vergessenheit und drohte zu verwaisen –, bis es im Mai 2018 nach einer denkmalgerechten Sanierung wie Phönix aus der Asche stieg und wiedereröffnet wurde, einschließlich des Restaurants »Hauptmann« und der Gaststätte »Baude«, wo Nostalgisches wie Kartoffelpuffer, Currywurst und Kalter Hund auf der Karte stehen. Etwa einen Kilometer weiter östlich liegt schon der nächste Höhepunkt: Berlins höchster natürlicher Berg, der Große Müggelberg. Man passiert eine Downhill-Strecke und den Fernsehturm Müggelberge, bis ein Holzschild zum »höchsten Berg Berlins« weist. Stand 2021 ist das allerdings nicht ganz richtig: Mit 120,7 Metern steht der ehemaligen Bauschuttdeponie Arkenberge in Blankenfelde dieser Titel zu – aber sei's drum. Das Gipfelkreuz steht mitten im Wald und ist mit seinen 114,80 Metern recht schnell erklommen. Hier kann man ein Päuschen einlegen und die obligatorischen »Wir-auf-dem-Berliner-Gipfel«-Fotos von sich und seinem Lieblingsmenschen machen.

Wenn es euch danach noch ans Wasser zieht, könnt ihr entweder zum Müggelsee hinunterlaufen oder die bereits erwähnten 243 Stufen hinter dem Müggelturm hinabschreiten und den Uferweg rechts Richtung Biergarten Schmetterlingshorst entlangspazieren. Dort kann man ganz gemütlich auf einem Steg die Beine im Wasser baumeln lassen und zum gegenüberliegenden Strandbad Grünau blicken. Hier ist die Dahme etwas breiter und wird daher auch »Langer See« genannt. Ein Stückchen weiter des Weges liegt das sympathische Strandbad Wendenschloss – der Eintritt zum Biergarten ist frei –, wo es sich für den Rest des Tages hervorragend rumlümmeln lässt. Oder ihr nutzt die Gelegenheit und dreht mit dem Stand-up-Paddle eine Runde über den See. Beides schön.

MIT EINER FREUNDIN DEN FRAUENTAG FEIERN

In Berlin ist der Frauentag am 8. März seit 2019 ein gesetzlicher Feiertag. Ein guter Anlass, sich den politischen Hintergrund ins Gedächtnis zur rufen – schließlich ging und geht es um nichts Geringeres als die Rechte der Frauen.

Auf der II. Internationalen Sozialistischen Frauenkonferenz in Kopenhagen setzten sich 1910 unter anderen die deutschen Aktivistinnen Clara Zetkin und Käte Duncker für einen europäischen Women's Day ein. 1911 fand er zum ersten Mal statt; unter dem Motto »Heraus mit dem Frauenwahlrecht!« gingen rund eine Million Frauen in Deutschland, Dänemark, Österreich-Ungarn und der Schweiz auf die Straße, 1912 schlossen sich Frankreich, Schweden und die Niederlande an. Man stelle es sich vor: Zu diesem Zeitpunkt konnten in ganz Europa nur Finninnen zur Wahl gehen. Erst 1918 wurde dieses Recht auch deutschen Frauen zugestanden. Ein Jahr zuvor, am 8. März 1917, waren russische Textilarbeiterinnen in St. Petersburg mit der Forderung »Frieden und Brot!« in Streik getreten. Seit 1921 wird der Frauentag jährlich an diesem Datum begangen, 1975 ernannte ihn die UNO zum »Tag für die Rechte der Frau und den Weltfrieden«. Heute ist er in 26 Ländern ein Feiertag. Und eben in Berlin.

Einige Berliner Museen und Galerien bieten an diesem besonderen Tag kostenlose Führungen rund um das Thema Frauenbewegung an; jedes Jahr finden diverse Aktionen und eine Kranzniederlegung am Clara-Zetkin-Denkmal in Marzahn statt.

TIPP

EINE GROSSE RUNDE
MIT DEM HUND DREHEN
GRUNEWALDSEE

ÖPNV: Haltestelle Königin Luise Straße/Clayallee
oder Am Roseneck

In hohem Bogen fliegt das Stöckchen übers Wasser. Kaum ist es im See gelandet, kommt auch schon ein Vierbeiner angeschwommen, schnappt sich das Stück Holz und paddelt zurück zum Hundebadestrand. Schwanzwedelnd und mit unverhohlenem Stolz wird es vor Frauchens Füßen platziert. »Noch mal! Na komm, mach schon!«, bellt der triefend nasse Hund, ganz außer sich vor Freude.

Ein Spaziergang um den Grunewaldsee ist vor allem in Begleitung des Lieblingsvierbeiners ein großes Vergnügen. Das Areal rund um den See ist quasi das Leckerli im Hundeauslaufgebiet Grunewald, das mit 810 Hektar zu den größten Berlins zählt. Schon seit den 1930er Jahren können Frauchen und Herrchen ihre Lieblinge frei laufen und mit anderen Hunden herumtoben lassen. Und wer ist hier nicht alles unterwegs! Das komplette Who's Who der Hunderassen vom Australian Sheperd bis zum Zwergpudel, und auch ein paar Mischlinge tummeln sich dazwischen. An den Sommerwochenenden kann es mitunter etwas wuselig zugehen; unter der Woche am Vormittag ist weniger los und man begegnet vielen Dogwalkern, die teilweise bis zu 15 Tiere gleichzeitig ausführen.

Wer die etwa 45-minütige Runde um den See läuft, passiert das Jagdschloss Grunewald. Berlins ältestes erhaltenes Schloss wurde 1542 als Jagdhaus »Zum gruenen Wald« errichtet und gab damit dem Grunewald seinen Namen. Etwas weiter südlich liegt das Forsthaus Paulsborn. An der historischen Gaststätte findet jedes Jahr am ersten Adventswochenende der Berliner Hundeweihnachtsmarkt »Sirius« statt, wo es neben flauschigen Pullis und Keksen für die Fellnase auch Glühwein für seinen Menschen gibt.

BERLINS BAUMKRONEN ERKLIMMEN

WALDHOCHSEILGARTEN JUNGFERNHEIDE

Heckerdamm 260, 13627 Berlin
www.waldhochseilgarten-jungfernheide.de
ÖPNV: Haltestelle Jakob-Kaiser-Platz, Halemweg
oder Weltlingerbrücke

Ihr sucht ein Abenteuer mit Adrenalinkick? Dann seid ihr in Berlins zweitgrößtem Volkspark, der Jungfernheide, genau an der richtigen Adresse. Hier könnt ihr entweder prima spazieren gehen – oder im 144 Hektar großen Kletterwald eure Grenzen austesten. Klettererfahrung benötigt ihr keine; ein wenig Mut und Muskelkraft sind allerdings von Vorteil. Schließlich geht es in schwindelerregenden Höhen via wacklige Hängebrücken und Seilrutschen von einem Baum zum nächsten.

Damit ihr souverän von A nach B gelangt, bedarf es erst mal einer Einweisung. Auf der anschließenden Übungsstrecke wird kontrolliert, ob ihr beispielsweise die Gurte richtig anlegt und die Karabiner sicher umklinkt. Habt ihr euch dann im grünen Parcours warm geklettert, könnt ihr selbst einschätzen, mit welchem Schwierigkeitsgrad ihr weitermacht. Die grün und blau markierten Routen sind für Anfänger:innen und bewegen sich auf drei Metern Höhe, die roten eigenen sich für Fortgeschrittene. Die schwarzen sind für Extremsportler:innen und führen unglaubliche 17 Meter hinauf. Wie ihr euch auch entscheidet – jeder Weg ist ein kleiner Wahnsinn und ein Riesenspaß zugleich. Ich Tarzan, du Jane! Wohoo!

Nach drei Stunden ohne festen Boden unter den Füßen erdet ihr euch am besten im Sommergarten am Wasserturm mit einer Steinofenpizza. Oder ihr hüpft zur Erfrischung ins kühle Nass des Strandbads Jungfernheide im westlichen Teil des Parks. Kleine Vorwarnung zum Schluss: Es kann durchaus passieren, dass ihr am nächsten Tag etwas Muskelkater verspürt. Der eine mehr, die andere weniger.

IM GRÜNEN
SPORTELN UND KNEIPPEN
BRITZER GARTEN

www.britzergarten.de
zu großen Teilen barrierefrei

Naherholung. Seit dem ersten Lockdown 2020 haben das Wort und die damit verbundenen grünen Orte innerhalb Berlins an Bedeutung und Wertschätzung gewonnen. Ein schönes Beispiel ist der Britzer Garten: Auf sagenhaften 90 Hektar kann man sich ganz frei bewegen – und das in jedweder Form. Wer sportlich und mit Lieblingslaufpartnerin oder -partner unterwegs ist, kann auf Laufstrecken von drei, sechs und zwölf Kilometern Länge durch das weitläufige Areal walken oder joggen und an Trimm-dich-Stationen Klimmzüge, Beinheben und Liegestützen trainieren. Egal, welchen der sechs Eingänge ihr nutzt, ihr könnt sofort lospurten, die herrliche Kulisse – allen voran die große Seenlandschaft in der Parkmitte – ist zu jeder Jahreszeit eine Wohltat fürs Auge.

Für meditative Bewegungsformen wie Yoga, Tai Chi oder Qigong ist auf den vielen Wiesen genug Platz; hier könnt ihr eigenständig praktizieren oder an einem der angebotenen Kurse teilnehmen. Ein besonderes Schmankerl ist der Kneipp-Gesundheitsparcours, der sich über den ganzen Park verteilt. Armtauchen, kalter Knieguss und Wassertreten bringen Durchblutung und Abwehrkräfte ordentlich in Schwung. Besonders im Hochsommer eine unglaubliche Wohltat!

Naherholung kann aber auch heißen, mit der Oma oder Mama durch den Park zu flanieren und dabei das Blumenmeer anzuschauen. Im Frühjahr lockt der Rhododendronhain und die Tulpenschau »Tulipan«, im Spätsommer ist das »Dahlienfeuer« eine Augenweide. Für die kleinen Lieblingsmenschen gibt es den großen Wasserspielplatz oder die Spiellandschaft am Lehmdorf. Und hat man sich komplett ausgetobt, gibt es zum Glück noch die historische Parkbahn, die sich ganz gemächlich über das riesige Gelände bewegt.

MIT DEM REIFEN TANZEN
HOOPLA BERLIN

Lychener Straße 75, 10439 Berlin
www.hooplaberlin.com
ÖPNV: Haltestelle Stargarder Straße

Eine Turnhalle in Prenzlauer Berg. Wenn knallbunte Hula-Hoop-Reifen, acht Frauen und Balazs Ari am Sonntagvormittag zur Probestunde zusammenkommen, ist das ein großer Spaß. Nach einem kurzen Warm-up lassen wir mit ordentlich Schwung die Reifen um unsere Taillen kreisen und sind ganz erstaunt, dass wir sie einige Umdrehungen lang oben halten können … bevor sie wieder zu Boden gehen. Dann heißt es: weitermachen, gerader Rücken und nur nicht die Geduld verlieren, es ist noch keine Hula-Hoop-Meisterin vom Himmel gefallen. Und auch kein Meister, selbst Balazs musste eine Weile üben, bevor er den Dreh raushatte. Und den hat er: Egal ob er ihn lässig durch die Luft wirbelt oder um sich herum schwingt, sein Reifen bleibt gleichmäßig in Bewegung und bildet mit ihm eine vollkommene Einheit. Genauso wollen wir das auch können!

Hoopla Berlin, das sind Balazs und seine Partnerin Rachel Catton. 2006 war der Hoopdancing-Trend gerade aus den USA herübergeschwappt; die beiden übten jeden Tag gemeinsam im Mauerpark und erfanden dabei selbst Figuren. Schnell waren sie von Neugierigen umgeben, die erst nur zuschauten, es dann aber auch selbst probieren wollten. Und da war sie geboren, die Idee Hula-Hoop zu unterrichten und die Reifen selbst zu gestalten. Mittlerweile gibt das hoopende Paar wöchentlich zehn Kurse für alle Level und verfügt über ein Repertoire von 170 Bewegungen, mit dem sie 2010 sogar die Besucher:innen des Deutschen Pavillons auf der EXPO in Shanghai animierten.

Auch wenn in der Regel hauptsächlich Frauen zum Reifen greifen – erfunden wurde er von zwei Männern. Im kalifornischen Pasadena

hatten Arthur Melin und Richard Knerr mit ihrer Spielzeugfirma Wham-O schon das Frisbee auf den Markt gebracht, bevor sie 1958 den Gummireifen in vielen verschiedenen Farben produzierten und nach dem hawaiianischen Nationaltanz »Hula« und »Hoop«, dem englischen Worten für »Reifen«, benannten.

Anscheinend hatte die Welt nur auf ihn gewartet: Innerhalb weniger Wochen avancierte der Hula-Hoop zum meistverkauften Spielzeug der USA. Noch im gleichen Jahr brach die Hoop-Mania auch in Deutschland aus; es gab Dauer-Hula-Hoop-Wettbewerbe, Peter Kraus landete mit »Hula Baby« einen Hit, und Conny Froboess und Rex Gildo lockten mit der Komödie »Hula-Hopp, Conny« in die Kinos. Nach 1960 legte sich die allgemeine Begeisterung wieder, die Reifen traten vorwiegend in der Manege oder im Varieté in Erscheinung. Zum Glück haben sie sich fast 50 Jahre später mit Hoopla Berlin einen festen Platz in der Hauptstadt gesichert. In Coronazeiten entpuppten sie sich zudem als perfektes Accessoire, konnte man sie doch allein zu Hause, aber auch mit ›natürlichem‹ Mindestabstand – die meisten Hoops haben einen Durchmesser von über einem Meter – auf der Wiese kreisen lassen. Und ganz nebenbei noch davon profitieren, dass Bauch- und Rückenmuskulatur gestärkt, das Koordinationsvermögen geschult und eine beachtliche Menge an Kalorien verbrannt wird.

Zurück zum Schnupperkurs: Hier werden kleine Runden gedreht und die Basics erklärt, ihr könnt ausprobieren, welche Reifengröße für euch passt und erste kleine Erfolge feiern. Das Schönste aber ist, dass beim Hoopen die Mundwinkel automatisch nach oben gehen – sogar bei ausgewiesenen Lieblingsmorgenmuffeln.

Arm in Arm
die Stadt erkunden

EINE ZEITREISE IN DIE GOLDENEN ZWANZIGER MACHEN

BABYLON BERLIN TOUR

babylon-berlin.tours

Berlin, 1929. Kommissar Gereon Rath ermittelt in einem Mordfall. Immer an seiner Seite: Kriminalassistentin Charlotte Ritter. Das ist der Stoff, aus dem die Serie »Babylon Berlin« gestrickt ist. Drehbuch, Cast, Kostüme – alles vom Feinsten. Und erst die Kulisse! Das geschäftige Berlin der Weimarer Republik, verruchte Tanztempel, ungeschönte Hinterhof-Armut. Gedreht wurde an vielen Originalschauplätzen, zu denen euch der dreistündige »Babylon Berlin Walk« führt. Per pedes lotst Historiker Arne Krasting Fans der Serie durch die Stadt. Er selbst hat in zwei Staffeln mitgewirkt; »Behind-the-Scenes«-Geschichten vom Set erfahrt ihr also aus erster Hand.

Eine der ersten Anlaufstellen ist der Rosa-Luxemburg-Platz, über den mit der Volksbühne und dem Kino Babylon noch ein Hauch Weimarer Republik weht. Um die Ecke am Alexanderplatz befand sich das Polizeipräsidium, die »Rote Burg«; für Außenaufnahmen wurde das Rote Rathaus genutzt. Immer wieder zückt Arne sein iPad und zeigt Originalaufnahmen aus den 1920ern oder Szenen aus »Babylon Berlin«. Spannend zu sehen, wie sich die Stadt in den letzten hundert Jahren entwickelt hat! Weiter geht es zum Schiffbauerdamm, wo sich die Bar Tausend in den sündigen Nachtclub »Der Holländer« verwandelte, und in die Chausseestraße zum Ballhaus Berlin, wo die Tischtelefone von einer Zeit erzählen, in der noch anders angebandelt wurde als heute. In der Destille »Alt-Berlin« könnt ihr die Tour ausklingen lassen.

Wer noch mehr Drehorte besuchen möchte, dem sei die »Babylon Berlin-Tour« mit dem Videobus empfohlen. Quer durch die Stadt geht es da, bis zum Rathaus Schöneberg, dessen Foyer, Paternoster und Ratskeller in kleinen Nebenrollen zu sehen sind.

HÄNDCHENHALTEN MIT HAVELBLICK

SCHIFFSRESTAURANT ALTE LIEBE

Havelchaussee 107, 14055 Berlin
www.alte-liebe-berlin.de
ÖPNV: Haltestelle Am Postfenn

»Alte Liebe« steht in schwungvollen Buchstaben über dem Eingangstörchen am Steg, und darunter: »Willkommen an Bord«. Dank des Namens und seiner Lage ist das rustikal-charmante Restaurantschiff prädestiniert für einen Ausflug mit (s)einer wieder aufgeflammten oder partout nicht rosten wollenden Liebe. Ganz wunderbar kann man hier von April bis Oktober den Tag ausklingen lassen, auf dem Wasser, umgeben von Segelbooten, Schwänen und dem Grunewald. Und auch wenn man sich die Aussicht mit anderen teilen muss, wird's beim Sonnenuntergang doch recht romantisch.

Etwas bodenständiger geht es auf der Speisekarte zu, es gibt solide Hausmannskost und Fischgerichte. Das Matjesfilet mundet und erinnert an die Herkunft der nostalgischen Gastgeberin: In ihrem früheren Leben schipperte sie als Fähre »Godeffroy« durch den Hamburger Hafen. Seit 1970 ist sie Berlinerin und liegt fest verankert in der Havel, direkt am Übergang zum Stößensee. Schon auf ihrer Vorgängerin haben sich hier die Berliner:innen in den 1930er Jahren mit Molle, Korn und Quetschkommode eine Auszeit gegönnt.

Links neben der »Alten Liebe« führt ein Weg am Ufer entlang, und ein Spaziergang um die südlich gelegene Schildhorn-Halbinsel ist quasi das romantische Sahnehäubchen obendrauf. Kleine Buchten laden zum Baden ein, und wer das »Jaczo Denkmal« erklimmt, wird mit einer schönen Aussicht und einer Legende belohnt: Der slawische Fürst Jaczo von Köpenick soll hier 1157, den Tod vor Augen, den Gott der Christen angerufen und nach seiner Rettung vor Dankbarkeit Schild und Horn an eine Eiche gehangen und den Glauben gewechselt haben.

ÜBER
DIE STARTBAHN ROLLEN
TEMPELHOFER FELD

gruen-berlin.de/projekte/parks/tempelhofer-feld
www.thf-berlin.de/fuehrungen
ÖPNV: Haltestelle Tempelhof, Platz der Luftbrücke oder Leinestraße

Der Blick, der weit in die Ferne schweifen kann, ohne von einer Hauswand begrenzt zu werden. Und der Wind, der den Kopf wieder freimacht – zwei von vielen Gründen, das Tempelhofer Feld zu lieben, diese riesige Freifläche, auf der seit der Öffnung des Flughafengeländes 2010 die Berliner:innen ihre neugewonnene Bewegungsfreiheit ausgiebig genießen.

Wo beginnen, bei über 300 Hektar? So groß ist »das Feld«, wie es die Einheimischen nennen. Am Eingang Tempelhofer Damm vielleicht, wo einem sofort die E-Kinderautos von Steckdose Kreuzberg ins Auge stechen. Sehr niedlich, wie die Kleinen in Schrittgeschwindigkeit erste Fahrversuche im Mini-VW-Bus unternehmen, während die Großen verzweifelt versuchen, die Balance auf einem E-Wheel zu halten, oder ganz easy mit dem Scrooser herumcruisen. Nebenan bei Mobilcenter Berlin gibt es – ganz old school – Kettcars, GoKarts und Tretmobile für zwei, in denen ihr auch gemeinsam über die 45 Meter breite Start- und Landebahn flitzen könnt. Und sollte noch einmal jemand behaupten, in Berlin könne man nicht Skifahren – falsch! An den Wochenenden ist das Feld Treffpunkt des Teams »Nordisch Aktiv«, das hier ohne Schnee, aber auf Rollski langläuft. Wer's nicht glaubt, lässt sich am besten bei einem Schnupperkurs überzeugen.

Einfach eine große Runde mit dem Rad zu drehen und im Vorbeifahren das Treiben rundherum auf sich wirken zu lassen, ist natürlich auch eine Möglichkeit. Große Freude können einem die vielerorts

aufsteigenden Drachen oder die herumtobenden Hunde auf den drei Auslaufplätzen bereiten. Absolutes Highlight aber sind die Choreografien der Roller-Skate-Community, die sich in der »Neuköllner Ecke«, auf der Verbindung der ehemaligen südlichen und nördlichen Start- und Landebahn trifft und in fancy Outfits zu 70er-Jahre-Sounds übers Rollfeld tanzt; »Jam Skating« nennt sich diese wunderbare Art der Fortbewegung. Ihr Superstar ist Oumi Janta, die im Sommer 2020 mit einem Video viral ging, in dem das »Feld-Feeling«, komprimiert in ein paar Sekunden, um die Welt geschickt wurde: Unter

strahlend blauem Himmel und bei wehendem Wind bewegt sie sich völlig versunken zum Rhythmus der Musik auf ihren Skates, im Hintergrund umarmen sich zwei Frauen, während ein Mann in Pastell sie mit seinem Skateboard und einem Lächeln umkreist. Sogar Beyoncé war begeistert! Zuschauen macht schon mega Spaß – aber Mitmachen noch viel mehr!

Ruhiger geht es in den drei Gemeinschaftsgärten nahe des Eingangs Oderstraße zu; der Allmende-Kontor etwa ist mit über 250 Hochbeeten die grüne Lunge des Geländes und wie ein kleines Dorf angelegt. Von hier aus hat man einen blumenumrankten Blick auf das 1,2 Kilometer lange Flughafengebäude, über dessen wechselvolle Geschichte ein Informationspfad auf Höhe des Ausgangs Columbiadamm aufklärt. Das NS-Prestigeobjekt wurde 1936–1941 erbaut und gilt als größtes Baudenkmal Europas; während der Berlin-Blockade 1948/49 landeten hier die »Rosinenbomber« der West-Alliierten, um die Bevölkerung mit Nahrungsmitteln zu versorgen. Mehr erfahrt ihr auf einer der historischen Flughafenführungen von Tempelhof Projekt.

Einen so ereignisreichen Tag auf dem Tempelhofer Feld lässt man am besten mit einem Picknick auf einer der vielen Wiesen ausklingen und schaut gemeinsam mit seinem Lieblingsmenschen dabei zu, wie die Sonne langsam und farbenprächtig am Horizont untergeht.

EIN KREUZBERGER KÖRBCHEN
FÜR ZWEI MIETEN

So ein Picknick unter freiem Himmel ist schon was Feines. Wären da nur nicht die ganzen Vorbereitungen! Und am Ende vergisst man noch das Salz oder gar den Korkenzieher …

Aber zum Glück gibt's ja den Kreuzberger Picknickkorb-Verleih Picnic Berlin. Hier wird garantiert alles eingepackt, was ihr für euer romantisches Rendezvous am Landwehrkanal oder das Lunch mit der Lieblingskollegin in der Hasenheide braucht.

Neben der Grundausstattung – Decke, Porzellangeschirr, Besteck, Gläser, Servietten, Flaschenöffner, Backgammon und Zeitung – gibt es leckere und liebevoll in Marmeladegläsern verpackte Frühstück- und Lunchmenüs.

Alles, was ihr tun müsst, ist euren vorbestellten Wunschkorb im Souterrain in der Bergmannstraße 58 abholen und wieder zurückbringen. Abspülen geht aufs Haus!

➤➤ www.picnic-berlin.com

TIPP

WELCOME TO THE DRAG SHOW!

Sie heißen Gloria Viagra, Barbie Breakout oder Nina Queer, und ihre schrillen und politischen Performances stehen nicht erst seit der TV-Show »Queen of Drags« auf der Berliner Nachtordnung. Seit 2016 präsentiert PANSY jeden Dienstag die famose Drag-Show »House of Presents« im Monster Ronson's (Warschauer Straße 34), und in »Chantals House of Shame« im Suicide Circus Club (Revaler Straße 99) amüsiert sich nicht nur Berlins LGBTIQ* Community prächtig. Augen- und Gaumenschmaus im Doppelpack gibt es sonntags beim »Drag Brunch« im Tipsy Baer (Eberswalder Straße 21), wo auch regelmäßig unter Viagra Falls Fittiche beim »Sing out Sister«-Karaoke geträllert wird. Ein Klassiker in Sachen queer Entertainment ist Jurassica Parkas unverblümter Late-Night-Talk »Paillette geht immer« im Kreuzberger BKA-Theater (Mehringdamm 34), und früher oder später lassen sich alle Dragqueens und -kings im SchwuZ (Rollbergstraße 26) ordentlich feiern.

TIPP

HIER IST PLATZ
FÜR EUER LIEBLINGSBILD

#LIEBLINGSMENSCHENUNTERWEGS

MIT DER RIKSCHA DURCH
DIE LEUCHTENDE MITTE

FESTIVAL OF LIGHTS

www.festival-of-lights.de
www.biketaxi.de

Wenn es Nacht wird in Berlin … beginnt es zu funkeln und zu glitzern. Jedes Jahr zum Herbstauftakt verwandeln das Lichterfest »Festival of Lights« die Hauptstadt in ein großflächiges Kunstwerk. Nach Einbruch der Dunkelheit werden ganze Fassaden und Flächen in die schönsten Farben getaucht und dienen als Projektionsfläche für fantastische Motive und bewegte Bilder. Am größten ist ihre Strahlkraft in Mitte, wo sich die Wahrzeichen der Stadt aneinanderreihen.

Wer diese nicht per pedes abklappern möchte, kann auf eine überaus charmante Alternative zurückgreifen: eine Lightseeing-Tour auf Rädern. Von der klassischen Fahrradriksha bis zur E-Bike-Variante findet man alles am Alexanderplatz, direkt neben dem Eingang des kunterbunt illuminierten Fernsehturms. Von dort geht die romantische Reise übers Nikolaiviertel zum Berliner Dom und vom Lustgarten via Unter den Linden zum Brandenburger Tor. Hat man sich bis dahin noch nicht sattgesehen an dem Lichtspektakel, lässt sich die Fahrt vorbei an Reichstag und Siegessäule zum Potsdamer Platz fortsetzen. Die Gelegenheit, so eng aneinander gekuschelt von Illumination zu Illumination kutschiert zu werden, hat man schließlich nicht alle Tage. Ganz wichtig: Haltet euch von innen und außen schön warm! Die Zeit der lauen Berliner Sommernächte ist Ende September vorbei.

Die meisten Riksha-Fahrerinnen und -Fahrer sind geübt darin, ihre Kundschaft vor spektakulären Kulissen zu fotografieren und haben zig Berlin-Anekdoten auf Lager. Eine Fahrt mit dem Profi ist daher immer eine gute Idee – besonders, wenn man Berlin-Besuch hat.

SCHÖN SHOPPEN UND SCHMAUSEN
HALLESCHES HAUS

Tempelhofer Ufer 1, 10961 Berlin
www.hallescheshaus.com
ÖPNV: Haltestelle Hallesches Tor

Direkt gegenüber des U-Bahnhofs Hallesches Tor, zwischen Poco Möbeldiscounter und Mehringdamm, würde man nicht unbedingt ein angesagtes Café samt Concept Store vermuten. Aber genau das verbirgt sich im 1902 erbauten Alten Postamt SW 61. Mit seinen meterhohen Decken, den unverputzten Wänden und unzähligen Topfpflanzen versprüht das Interieur feinsten urbanen Hipster-Chic. Zur Straßenseite hin befindet sich der Shop, in dem vor allem Menschen mit Sinn für schöne und nachhaltige Objekte fündig werden. Zählt auch ihr dazu, bringt am besten viel Zeit und ein paar Euro mehr mit – auch, weil es hier die ein oder andere ausgefallene Geschenkidee gibt: Kaffeeutensilien für den Slow-Coffee-Genuss, einen Deko-Kakadu, Vintage-Lehrtafeln, den pinkfarbenen Vibrator »Fireman«, Aleppo-Seife, ein nostalgisches Tarotkarten-Set und Blumenampeln aus Makramee, um nur ein paar zu nennen. Das Hallesche Haus ist quasi die kleine hippe Nichte des Manufactum in der Hardenbergstraße (wo man übrigens auch ein paar schöne gemeinsame Stunden verbringen kann).

In diesen Räumen ging es nicht immer so aufgeräumt zu: Bis 2014 wurden hier im Club Horst Krzbrg wilde Partys gefeiert. Nach seiner Schließung stand das Gebäude leer, bis drei Wahlberliner:innen aus den USA, UK und Italien dem Ort neues Leben einhauchten; wie sie sind Publikum und Menükarte international aufgestellt. Im Café geht es vor allem samstags hoch her; wer etwas Zeit mitbringt, kommt in den Genuss einer leckeren Maple Latte oder kann sich glücklich brunchen.

GEDIEGEN INS KINO GEHEN
KINO INTERNATIONAL

Karl-Marx-Allee 33, 10178 Berlin
www.kino-international.com
ÖPNV: Haltestelle Schillingstraße

Im ehemaligen DEFA-Premierenkino einen Film anzusehen, hat immer auch etwas Feierliches. Allein schon vor dem Gebäude zu stehen und es in seiner Gesamtheit zu erfassen: Die breite Glasfront, das überdimensionale handgemalte Plakat des Hauptfilms zwischen den goldenen Schriftzügen KINO und INTERNATIONAL; darunter die Leuchttafel, auf der mit schwarzen Steckbuchstaben die aktuell laufenden Filme angekündigt werden. Das alles hat Stil und ist für sich schon großes Kino. Es kann auch durchaus passieren, dass man sich kurz wie ein Star fühlt, wenn man über den roten Teppich in das großzügige Foyer mit der fancy Deckenbeleuchtung schreitet.

Zwei Treppenaufgänge führen hoch zum Kinosaal; es soll Menschen geben, denen auch noch beim x-ten Besuch das Herz hüpft ob des Panoramas, das sich ihnen in der oberen Etage bietet, dieser freie Blick durch die verglaste Fensterfront auf die Karl-Marx-Allee und das gegenüberliegende Café Moskau. Das 60er-Jahre-Interieur – dunkler Parkettboden, riesige Glaslüster an meterhohen Decken und holzvertäfelte Wände – sind noch original erhalten. Am besten trifft man sich schon etwas früher mit seinem Lieblingsmenschen oder dem Date an der Bar und genießt bei einem Getränk den Ausblick, bevor die Vorstellung losgeht. Dann nichts wie hinein in den geräumigen Filmsaal, in dem über 500 Leute Platz finden. Noch bedeckt ein fantastischer schimmernder Rauschgold-Vorhang die Leinwand … doch dann öffnet er sich zu den Seiten, das Licht geht aus und – Film ab.

Das Kino International wurde nach Plänen von Josef Kaiser erbaut und 1963 mit dem sowjetischen Revolutionsdrama »Eine optimisti-

sche Tragödie« in Anwesenheit des DDR-Staatsratsvorsitzenden Walter Ulbricht feierlich eröffnet. Unzählige DEFA-Premieren wie die von Konrad Wolfs »Solo Sunny« (1980) und andere Festivitäten fanden in dem heute denkmalgeschützten Gebäude statt. Und auch einige West-Produktionen fanden den Weg in das Vorzeigekino: Neben »Cabaret« (1972) und »Die verlorene Ehre der Katharina Blum« (1975) auch »Dirty Dancing« (1987). Der US-Tanzfilm lief wochenlang sechs Mal täglich und lockte über 100.000 Besucher:innen in das Kino.

Mit der Uraufführung von »Coming Out« am 9. November 1989 wurde im International auch Geschichte geschrieben: Noch nie zuvor war in der DDR ein Film über Homosexualität auf der großen Leinwand gezeigt worden. Der Regisseur Heiner Carow, der 1973 mit »Die Legende von Paul und Paula« einen der erfolgreichsten DEFA-Filme gedreht hatte, musste sieben Jahre für die Realisierung des Filmes kämpfen. Während ihn das Premierenpublikum im Kinosaal gebührend feierte, fiel draußen die Berliner Mauer. Heute ist der Montagabend mit seiner Filmreihe Mon-Gay längst etabliert, und im Rahmen der Berlinale werden im International hauptsächlich die queeren, feministischen und politischen Filme der Sektion Panorama präsentiert.

Für das ausgesuchte Programm sorgt seit 1992 die Yorck-Kinogruppe; es laufen Arthouse- und Independent-Produktionen, oft auch in Originalversion mit Untertiteln. Auch in Sachen Silvesterplanung lohnt es sich, das International im Auge zu behalten: Entweder wird zur rauschenden Partynacht oder zum Filmmarathon »New Year's Preview Night« geladen. In beiden Fällen wird pünktlich um Mitternacht mit herrlichem Panoramablick auf das neue Jahr angestoßen.

RICHTIG GUTE BERLIN-FILME FÜR EINEN VERREGNETEN NOVEMBERTAG

»**Cabaret**« (1972): Willkommen, Bienvenue, Welcome! Der Musical-Klassiker mit Liza Minelli als Nachtclubsängerin Sally Bowles, die 1931 im Berliner Kit Kat Club auftritt und von einer großen Karriere träumt.

»**Die fetten Jahre sind vorbei**« (2004): Ein rebellisches Berliner Trio bricht bei Superreichen ein und pinselt »Sie haben zu viel Geld« auf die Wände. Als sie erwischt werden, kidnappen sie den Hausbesitzer. Bestes Kino mit mega Soundtrack.

»**Emil und die Detektive**« (2001): Auf der Zugfahrt nach Berlin werden Emil 1500 DM gestohlen. Mit einer coolen Kinderbande verfolgt er den Täter (Jürgen Vogel) durch die Hauptstadt. Charmante Verfilmung des Kinderbuchs von Erich Kästner.

»**Oh Boy**« (2012): Auf der Suche nach einem ganz normalen Kaffee irrt Niko (Tom Schilling) planlos durch die Hauptstadt und gerät dabei in manch skurrile Situation. Berlin in schönstem Schwarz-Weiß.

»**Prinzessinnenbad**« (2007): Die Kreuzberger Teenager Klara, Mina und Tanutscha sind beste Freundinnen und verbringen den Sommer im Prinzenbad. Der wunderbare Dokumentarfilm schaut ihnen beim Erwachsenwerden zu.

TIPP

DEM DATE IM RETRO-TRETBOOT NÄHERKOMMEN

KANULIEBE

Alt-Treptow 6, 12435 Berlin
www.kanuliebe.com
ÖPNV: Haltestelle Treptower Park oder Plänterwald

Im Kino seid ihr schon gewesen, aber fürs Zuhause-Kochen ist es noch zu früh? Dann lautet die Lösung: Tretbootfahren. Aber natürlich nicht mit irgendeinem x-beliebigen Modell. Bei Kanuliebe auf der Insel der Jugend könnt ihr einen restaurierten Oldtimer aus den 1960er Jahren mieten, der aussieht wie ein schniekes italienisches Motorboot. Angetrieben wird er allerdings durch reine Beinkraft, und er stammt auch nicht aus bella Italia, sondern aus Bavaria, wo die Werft Barro seit 1955 stilsicher Boote baut.

Wer jetzt denkt »Auweia, Tretboot … ganz schön anstrengend«, dem sei gesagt: Besagtes Barro Pedalo verfügt über ein spezielles Wasserrad und einen Kettenantrieb, mit dem ihr recht flott vorankommt und immer noch ausreichend Atem zum Flirten habt. Ideal zum Kennenlernen ist die ein- bis zweistündige Tour »Inselliebe«, die zur nahe gelegenen Rummelsburger Bucht führt. Unterwegs passiert ihr die verwilderten Flussinseln Liebesinsel, Kratzbruch und Bullenbruch. Ein wunderschöner Anblick, den ihr aber bitte nur mit gebührendem Abstand genießt, da alle drei unter Naturschutz stehen und Reiher, Enten, Kormorane, Biber und Fischotter, ja sogar Wasserschildkröten beherbergen.

In der ruhigen Rummelsburger Bucht, wo euch eine typische Berliner Mischung aus modernen Townhouses, Industriedenkmälern und kunterbunten Hausbooten erwartet, gibt es viele einladende Anlegemöglichkeiten. Ihr könnt euch aber auch einfach nur auf dem Wasser treiben lassen und gemeinsam die Sonne genießen. Also wenn das nicht romantisch ist?

ARCHITEKTUR ANSCHAUEN
HANSAVIERTEL

hansaviertel.berlin
ÖPNV: Haltestelle Tiergarten, Hansaplatz oder Bellevue

Eingerahmt von Spree und Tiergarten erstreckt sich das Hansaviertel zwischen Charlottenburg und Moabit. Im Zweiten Weltkrieg war es stark zerstört worden und sollte in den 50er Jahren ganz neu im Stil der Moderne wiederaufgebaut werden – ein Gegenentwurf zu den 1952 in Ost-Berlin entstandenen neoklassizistischen Wohnbauten an der Stalinallee, der heutigen Karl-Marx-Allee. Neben den deutschen Architekten Walter Gropius, Max Taut, Egon Eiermann und Werner Düttmann gestalteten internationale Größen wie Alvar Aalto, Arne Jacobsen, Le Corbusier und Oscar Niemeyer 36 neue Gebäude, die den Berlinerinnen und Berlinern 1957 als »Internationale Bauausstellung Interbau« präsentiert wurden. Die Musterwohnungen mit den schicken Bauhaus-Möbeln kamen sehr gut an; die Lage am gerade wieder aufblühenden Tiergarten war attraktiv und das Wohngefühl modern und komfortabel.

Ein Spaziergang durch das denkmalgeschützte Viertel ist eine schöne Idee für zwei Menschen, die sich für Architektur und Städtebau interessieren; am besten beginnt man am S-Bahnhof Tiergarten. Der daneben gelegene »Berlin-Pavillon« (Architekten: Hermann Fehling, Daniel Gogel, Peter Pfankuch) bildete die Eingangshalle zur Interbau 57; von hier startete auch eine Seilbahn quer über das Ausstellungsgelände. Heute beherbergt er einen Burger King, in dessen Eingangsbereich zwei Fotos von damals zu sehen sind.

Gleich zu Beginn der Klopstockstraße ragt das 50 Meter hohe »Giraffen-Hochhaus« (Architekten: Klaus Müller-Rehm, Gerhard Siegmann) aus dem Tiergarten hervor. Es hat 17 Etagen und 164 Ein-Zimmer-Wohnungen. Was heute schlicht als »Single-Apartments«

durchginge, wurde damals in zwei Kategorien eingeteilt: Die Wohneinheiten im Ost-Trakt waren »weiblichen Typs« und mit einer kleinen Küche ausgestattet, die im West-Trakt hatten nur einen Kochschrank und wurden als »männlicher Typ« bezeichnet. Zudem galt es als

sehr fortschrittlich, dass unverheiratete »Fräuleins« und »Junggesellen« in einem Gebäude lebten und sich womöglich im Treppenhaus begegneten.

Folgt man der Klopstockstraße, vorbei am »Gropiushaus« (Architekten: Walter Gropius, Wils Ebert) mit seiner nach Süden konkav geöffneten Fassade, stößt man direkt auf den Hansaplatz mit der St.-Ansgar-Kirche (Architekt: Willy Kreuer) und der »Hansabücherei« (Architekt: Werner Düttmann), in deren charmantem Lesehof man auch heute noch zwischen Pflanzen, Skulpturen und mit Blick auf das »Schwedenhaus« (Architekten: Architekten Fritz Jaenecke, Sten Samuelson) gepflegt schmökern kann. Sie liegt direkt am südlichen Eingang des U-Bahnhofs Hansaplatz; am nördlichen befindet sich im ehemaligen Kino Bellevue (Architekten: Ernst Zinsser, Hansrudolf Plarre) das Gripstheater, das seinen größten Erfolg mit dem Berlin-Musical »Linie 1« feierte.

Auf der anderen Seite der Altonaer Straße könnt ihr euch beim Bürgerverein Hansaviertel – er befindet sich bei »Verein & Wein« im »Ladenzentrum am Hansaplatz« (Architekten: Ernst Zinsser, Hansrudolf Plarre) detailliert informieren und den »Architekturführer zur Interbau 57« erstehen. Weiter gehts via Bartningallee zur »Akademie der Künste am Hanseatenweg« (Architekten: Werner Düttmann, Sabine Schumann), wo Henry Moores Skulptur »Die Liegende« daran erinnert, dass es Zeit für ein Päuschen ist. Wie gut, dass es die hauseigene »Art Canteen« gibt.

DEM BAUHAUS AUF DER SPUR

2019 feierte die legendäre Architektur- und Designschu-
le Bauhaus ihr 100-jähriges Jubiläum. Bis zur Wieder-
eröffnung des Berliner »Bauhaus-Archiv/Museum für
Gestaltung« können Interessierte zum »temporary bau-
haus-archiv« am Ernst-Reuter-Platz pilgern – oder sich
auf Spurensuche im Stadtbild begeben. In der Neuen
Nationalgalerie in Tiergarten oder dem Mies-van-der-
Rohe-Haus in Alt-Hohenschönhausen etwa ist nicht
nur deutlich zu sehen, sondern auch zu spüren, was der
berühmte Architekt und letzte Bauhaus-Direktor mit
seinem Leitspruch »Weniger ist mehr« meinte.

➤➤ www.bauhaus.de
➤➤ www.miesvanderrohehaus.de

TIPP

DEN GRUNEWALD
DURCHFORSTEN
ÖKOWERK BERLIN

Teufelsseechaussee 22, 14193 Berlin
www.oekowerk.de
ÖPNV: Haltestelle Grunewald

Selbst wer den Berliner Trubel sehr liebt, sagt sich an manchen Tagen: Ich muss mal raus aus der Stadt, Bäume sehen und Vögel singen hören. Wenn es so weit ist, dann schnapp dir deinen Lieblingsmenschen und spaziere mit ihm vom S-Bahnhof Grunewald zum Naturschutzzentrum Ökowerk, immer schön den Neuen Schildhornweg entlang. Mit jedem Schritt weiter hinein ins Grüne verschwindet die Geräuschkulisse der Avus etwas mehr, bis sie sich schließlich ganz in Waldluft auflöst. Einen spacigen Kontrapunkt setzen die immer wieder sichtbaren Radarkuppeln der ehemaligen Abhörstation auf dem Teufelsberg, ein Überbleibsel aus der Zeit des Kalten Krieges.

Nach etwa zwanzig Minuten Fußmarsch ist das Ziel erreicht und die Freude über den schönen Ort groß. Hier ist alles Natur: In den Teichen tummeln sich Frösche, Libellen und Zauneidechsen, und es gibt einen Biogarten und Bienenschaukästen. Schulklassen erleben hier Umweltbildung hautnah, und für Naturliebhaber:innen werden geführte Spaziergänge wie »Die Vogelwelt im Grunewald« oder sogar eine Imkerausbildung angeboten.

Das Ökowerk befindet sich in Berlins ältestem Wasserwerk, das zwischen 1872 und 1969 Charlottenburg, Zehlendorf und Neukölln mit Wasser versorgte. Wer sich neben der Natur auch für Technik begeistert, kann Maschinenhaus, Filterhallen & Co. besichtigen und in der Ausstellung »Wasserleben« mit H_2O experimentieren.

Ihr könnt aber auch einfach nur die friedliche Ruhe des Ortes und die leckere Bio-Quiche genießen und euch im angrenzenden Teufelssee abkühlen. Egal, was ihr tut: Am Ende dieses Tages werdet ihr erholt und geerdet sein.

TONSTUDIOLUFT SCHNUPPERN

FUNKHAUS BERLIN

Nalepastraße 18, 12459 Berlin
www.funkhaus-berlin.net
ÖPNV: Haltestelle Köpenicker Chaussee/Blockdammweg

Viele Wege führen nach Oberschöneweide. Am schönsten ist die Anreise sicherlich mit dem Fahrrad über den Plänterwald. An der Haltestelle Baumschulenweg setzt die BVG-Fähre 11 zum anderen Spreeufer über, und von dort ist es nicht mehr weit bis zum Ziel: dem Funkhaus Berlin in der Nalepastraße.

Mit dem Bau des zentralen Rundfunkzentrums der DDR war 1949 der Architekt, Designer und Bauhaus-Absolvent Franz Ehrlich beauftragt worden. Der von außen solide wirkende backsteinerne Gebäudekomplex überrascht im Inneren mit Retro-Charme, lichtdurchfluteten Fluren und kreativen Wandvertäfelungen. Interessante Details zur Architektur, Geschichte und aktuellen Entwicklung erfahrt ihr bei der geführten Tour durch das Kulturdenkmal, deren Highlight der »Große Aufnahmesaal 1« ist. Er wurde eigens für Klassik-Produktionen konzipiert, sogar eine Orgel gehörte zur Ausstattung. Auf stolzen 800 Quadratmetern spielten die bekanntesten DDR-Orchester ihre Tonträger ein, die Akustik ist einzigartig. Bis heute lockt sie Klangschaffende aus aller Welt an die Spree; nach 1991 kamen Daniel Barenboim und die Staatskapelle Berlin, Lang Lang und Depeche Mode, die hier das Record-Release-Konzert zu ihrem Album »Spirit« spielten.

Die Führung endet in der ehemaligen Kantine, der Milchbar, die mit original DDR-Ambiente und einer feinen Speisekarte besticht; nebenan bei Zola gibt es ausgezeichnete neapolitanische Pizza. Beide Restaurants teilen sich die Terrasse, auf der ihr euren Ausflug direkt am Wasser und mit Blick auf die Spreeinsel Bullenbruch ausklingen lassen könnt.

DIE GLOCKEN KLINGEN LASSEN
DAS CARILLON IM TIERGARTEN

John-Foster-Dulles-/Ecke Große Querallee, 10557 Berlin
www.carillon-berlin.de
ÖPNV: Haltestelle Haus der Kulturen der Welt oder Bundestag

Eine kleine Menschenansammlung blickt erwartungsvoll hinauf zum 42 Meter hohen Glockenturm hinter dem Tipi am Kanzleramt. Einige haben Klappstühle mitgebracht, andere Thermoskannen und Plätzchen, es ist Vorweihnachtszeit. Punkt zwei ertönt er endlich, der erste Glockenschlag des Berliner Carillons, und geht in einen Händel'schen Adventschoral über. Der anschließende Applaus gilt dem Musikwissenschaftler und Carillonneur Jeffrey Bossin, der »seinen« 68 Glocken mit vollem Körpereinsatz – die Klaviatur wird mit Fäusten bedient – Ton für Ton entlockt, hoch droben in seiner Spielerkabine, die er über die 187 Stufen einer Wendeltreppe erklimmt.

Dem gebürtigen Kalifornier ist es zu verdanken, dass Berlin über besagtes Turmglockenspiel – das viertgrößte Europas – verfügt: 1984 schlug er dem Senat vor, zur 750-Jahr-Feier der Hauptstadt ein Carillon im Tiergarten zu errichten. Seine Vision fand Anklang, er betreute den Bau und spielte 1987 das Einweihungskonzert. Seitdem lässt er hauptsächlich an Sommersonntagen und Feiertagen die Glocken erklingen, aber auch zu besonderen Anlässen wie am 3. Oktober 1990 um Mitternacht zur Wiedervereinigung Deutschlands, 1995 zur Reichstagsverhüllung durch Christo und Jeanne-Claude oder am 8. Mai 2020 zum 75. Jahrestag des Endes des Zweiten Weltkriegs.

Wer einem klassikaffinen und schwindelfreien Lieblingsmenschen eine ganze besondere Freude bereiten will, kann zudem eine Privatführung ins Innere des Glockenturms buchen.

DURCH BERLINS BULLERBÜ BUMMELN

ALT-LÜBARS UND EICHWERDER STEG

ÖPNV: Haltestelle Alt-Lübars

Endhaltestelle, bitte alle aussteigen! Wir hüpfen aus dem Bus 222 und landen direkt im Zentrum von Alt-Lübars. Kopfsteinpflaster, hübsche alte Häuschen mit Stuckfassaden, alte Gehöfte und schattenspendende Bäume rund um den Dorfanger – kaum zu glauben, dass das noch Berlin sein soll! Ist es aber. Und da Lübars schon 1247 urkundlich erwähnt wurde, zählt es zu den ältesten Dörfern der Hauptstadt. Ein Ort wie aus dem Bilderbuch, voller Geschichten – wie die vom über 200 Jahre alten Maulbeerbaum, der recht betagt neben der barocken Dorfkirche steht. Gepflanzt wurde er im Auftrag Friedrichs des Großen, der die Seidenproduktion in Preußen ankurbeln und sich damit vom chinesischen Import unabhängig machen wollte. Da sich die Seidenraupe ausschließlich von den Blättern der Weißen Maulbeere ernährt, wurden in Brandenburg sage und schreibe drei Millionen Bäume gepflanzt. Um es kurz zu machen: Der Plan des Alten Fritz' ging nicht auf; die Raupenzucht war letztlich zu aufwendig und China blieb Marktführer.

Gegenüber dem ehemaligen Schulhaus liegt der idyllische Kräuterhof, eine Einrichtung der Berliner Werkstätten für Menschen mit Behinderung. Hier wird Biogemüse von der Artischocke bis zur Zucchini angebaut und neben so schönen Sachen wie Lavendelsäckchen, Chutneys und Honig im Hofladen angeboten.

Wir passieren das historische Gasthaus Alter Dorfkrug, dessen wunderschöner ehemaliger Tanzsaal heute als »LabSaal Lübars« für kulturelle Veranstaltungen und Hochzeitsfeiern genutzt wird, und steuern die Eisdiele Angelina an; ein Traktor fährt knatternd an uns vorbei. Nach fünf Gehminuten sind wir zwar am Ziel, müssen uns allerdings

in eine lange Schlange einreihen. Die Wartezeit braucht man aber, um die umfangreiche Eiskarte zu studieren. »Einen Walnuss- und einen Kaiserschmarrn-Becher, bitte«, bestellen wir nach reiflicher Überlegung bei der routinierten Eisbecherspezialistin hinter der Theke – und würden es jederzeit wieder tun.

Unser nächstes Ziel ist der Eichwerder Steg. Vorbei an weiten Feldern, glücklichen Pferden, perfekt geformten Heuballen und saftig grünen Moorwiesen spazieren wir durch das Tegeler Fließtal. Der Anblick der wunderschön wilden Sumpflandschaft zieht uns völlig in seinen Bann; fast wähnen wir uns im Donaudelta. Der 150 Meter lange Eichwerder Steg verbindet die Dörfer Lübars und Hermsdorf seit 1927 miteinander; der NABU Reinickendorf hat zudem einen interessanten Naturlernpfad darauf errichtet. Auf 50 Tafeln wird die reiche Flora und Fauna des Fließtals erklärt. Viele der beschriebenen Pflanzen und Tiere kann man direkt vor Ort beobachten – oder hören, wie etwa den Kuckuck oder den Zilpzalp, der uns unverkennbar einige Male sein »Zilpzalp-zelp-zilp-zalp« vorsingt.

Wer noch mehr Natur tanken möchte, spaziert einfach weiter zu den Niedermoorwiesen und dem Köppchensee. Eine mindestens genauso schöne Alternative ist ein Besuch des pittoresken Auenhofs am Hermsdorfer Dorfanger. Freitag bis Sonntag gibt es nachmittags frische Küche – der Spargelsalat! – und Kuchen – die Waffeln mit Himbeercreme! – in idyllischster Kulisse. Und als wäre das noch nicht genug des Guten, könnt ihr in der Atelier-Galerie Aagaard auch noch wechselnde Kunstausstellungen besuchen.

DER »CHECKPOINT QUALITZ«

»Mr. Gorbatschow, tear down this Wall!«, forderte US-Präsident Ronald Reagan bei seinem Berlinbesuch am 12. Juni 1987 am Brandenburger Tor. Diesen berühmten Satz hatte der Lübarser Landwirt Hubert Qualitz wohl noch im Ohr, als er sich fast auf den Tag genau drei Jahre später auf seinen Traktor setzte und die noch stehende Berliner Mauer zwischen Lübars und Blankenfelde durchbrach – immerhin war die Grenze schon monatelang geöffnet – und somit den Weg in den ehemaligen Osten freimachte. Über die Blankenfelder Chaussee fuhr er schnurstracks zur Freiwilligen Feuerwehr der Nachbargemeinde, wo man ziemlich große Augen machte – und dann das Werk gemeinsam mit der FF Lübars vollendete. An besagter Stelle erinnert heute eine Plakette an diesen Tag: »Als Dank und zur Erinnerung an den mutigen Grenzdurchbruch am 16. Juni 1990 – ausgeführt von Helmut Qualitz und der Freiwilligen Feuerwehr« ist darauf zu lesen.

TIPP

DER SONNE BEIM UNTERGEHEN ZUSEHEN

STRANDBAD WEISSENSEE

Berliner Allee 155, 13088 Berlin
www.strandbadweissensee.de
ÖPNV: Haltestelle Weißer See

Die Beine baumeln im kühlen Nass, der Blick schweift von der Wasserfontäne im Weißen See zum Milchhäuschen. Irgendwann geht die Sonne langsam unter; die Szenerie ist in warmes Orangerot getaucht, das gegenüberliegende Ufer spiegelt sich im Wasser. Magic.

Kleine Oasen wie das Strandbad Weißensee im Norden Berlins sind für Stadtmenschen ein wahrer Segen. Vor allem am Ende eines langen heißen Tages gibt es nichts Schöneres, als sich noch einmal kurz abzukühlen und danach genüsslich an seinem Sundowner zu nuckeln. Wer auf der Suche nach der perfekten Kulisse für einen verliebten Feierabend oder ein Date ist – bitte schön! Zum Beschnuppern kann man erst mal eine Runde um den See spazieren oder am südlichen Ufer ein Ruderboot mieten und sich einfach auf dem Wasser treiben lassen. Aber auch ohne romantische Absicht ist der abendliche Ausflug ans Strandbad gut fürs Herz. Ich habe hier schon wunderbare Sonnenuntergänge mit Freundinnen erlebt, jede in ihrem Liegestuhl lümmelnd und, später im Herbst, mit einer Tasse frischen Minztee in der Hand.

Jeden zweiten Sommersonntag finden unter dem Motto »Swingin' Weißensee« beschwingte Tanzabende im Pavillonzelt statt. Dies wäre gewiss ganz im Sinne von Rudolf Sternecker gewesen, der 1885 auf dem Parkgelände rund um den See Berlins größte Vergnügungsstätte eröffnete: das »Welt-Etablissement Schloss Weißensee« mit Karussells, Bierstuben, einem Ballhaus und Ballonfahrten. Und eben auch mit einer Badeanstalt, die den Zirkus als Einzige überlebt hat. Zum Glück!

DIE HAUPTSTADT ERFASSEN
TASTMODELLE BERLIN

www.stadtentwicklung.berlin.de/planen/stadtmodelle

Ist euer Lieblingsmensch sehbehindert oder blind, könnt ihr die Hauptstadt gemeinsam mit vier Sinnen erkunden. Vielleicht klingt sie wie die Berliner Philharmoniker, riecht nach U-Bahn, schmeckt nach Currywurst oder fühlt sich an wie … der Fernsehturm. Oder das Brandenburger Tor und die Siegessäule! Alle drei Wahrzeichen Berlins stehen als Nachbildung im Maßstab 1:100 im Lichthof der Senatsverwaltung für Stadtentwicklung und Umwelt am Köllnischen Park, der Eintritt ist frei und Anfassen erwünscht. Das Highlight der Ausstellung ist ein Tastmodell der Berliner Innenstadt, mit dem zum Beispiel der Große Tiergarten, die Spree oder der Verlauf der Berliner Mauer taktil erfasst werden können. Beschriftet ist alles in Brailleschrift, und zu den 150 Sehenswürdigkeiten gibt es auf Nachfrage auch akustische Beschreibungen.

Die Museumsinsel mit allen Bauwerken lässt sich auch unter freiem Himmel ertasten, eine Bronze-Miniatur steht im Lustgarten auf Höhe des Spreekanals. Ganz in der Nähe, vor dem PalaisPopulaire Unter den Linden, wurde 2021 ein Tastmodell aufgestellt, das berühmte Gebäude wie die Staatsoper, die Humboldt Universität und die Neue Wache abbildet.

Das Deutsche Historische Museum Berlin und die Berlinische Galerie stellen zudem Tastpläne, inklusive Audiotouren und taktile Leitsysteme durch ihre Sammlung zur Verfügung. In vielen Häusern gibt es Tastführungen, im Deutschen Technikmuseum auch für blinde und sehbehinderte Kinder. Der Allgemeine Blinden- und Sehbehindertenverein Berlin (www.ABSV.de) ist Ansprechpartner für Museen und bietet regelmäßig Ausflüge an, zu denen auch Freunde oder Familienangehörige mit fünf Sinnen willkommen sind.

ÜBER DEN WANNSEE BLICKEN

MIT DER F10 ZUM GUTSHAUS NEUKLADOW

Neukladower Allee 9–12, 14089 Berlin
www.gutshausneukladow.de
ÖPNV: Haltestelle Wannsee – Alt-Kladow

Die Sonne glitzert im Wasser, über das sanft die Segelboote gleiten; ein leichter Wind weht. Im Sommer kann man durchaus von »maritimem Flair« sprechen, wenn man vom Borussia Denkmal gegenüber des S-Bahnhofs Wannsee auf den See blickt. Ein Pfad führt hinunter zum Ufer; es herrscht geschäftiges Treiben rund um die Schifffahrtsdampfer, die von hier aus ihre Touren über die Havel starten. Dazwischen, an der Brücke B, befindet sich die Anlegestelle der BVG-Fähre F10, die täglich zu jeder vollen Stunde von 6 bis 20 Uhr rüber nach Alt-Kladow fährt. Zwanzig Minuten dauert die Fahrt über den Großen Wannsee und die Havel.

Unterwegs gibt es einiges zu sehen: linker Hand am Westufer ein Fitzelchen des berühmten Max-Liebermann-Gartens, und ein paar Grundstücke weiter das Haus der Wannsee-Konferenz, in dem sich seit 1992 eine Gedenk- und Bildungsstätte befindet.

Auf der anderen Seite, am Ostufer, taucht schon bald das Strandbad Wannsee auf. 1907 wurde hier das Baden offiziell erlaubt, und die Berlinerinnen und Berliner kamen in Scharen. Trotz strengem Dresscode und obwohl es separate Bereiche für Familien, Frauen und Männer gab, war das prüde Preußen not amused. Berlins »Badewanne« entwickelte sich dennoch zu einem der größten Binnenseebäder Europas. Die 1929/30 im Stil der Neuen Sachlichkeit errichtete Anlage erstreckt sich am 1275 Meter langen Sandstrand, was vom Wasser aus recht beeindruckend aussieht.

Nach der Insel Schwanenwerder geht es schließlich auf die Havel und vorbei an der Mini-Insel Imchen zum Fähranleger Alt-Kladow. Hier betretet ihr Spandauer Boden; zum Gutspark Neukladow dauert es etwa zehn Minuten. Der Weg führt rechts Richtung Promenadenha-

fen und entlang der schönen Imchen-Allee, die zu beiden Seiten von über 100 Jahre alten Winterlinden gesäumt ist; im Sommer sind sie saftig grün und spenden angenehmen Schatten. Die Straße endet vor einem Tor, hinter dem der weitläufige Park beginnt. Nach einem kurzen Anstieg stößt man direkt auf das etwas verwunschen wirkende, frühklassizistische Gutshaus – und wird sogleich gefesselt von der herrlichen Aussicht auf Havel und Wannsee. Stundenlang könnte man hier auf der Anhöhe sitzen und hinab aufs Wasser schauen; am besten bei Kaffee und Kuchen im Biergarten des schönen Herrenhauses. Erbaut wurde es um 1800, Bismarcks Mutter, Luise Wilhelmine Mencken, verbrachte hier ihre Jugend. 1909 zog der Privatier und Schöngeist Johannes Guthmann ein und schuf einen Ort, an dem die Kunst großgeschrieben wurde. Der Dramatiker Gerhart Hauptmann, der Maler Max Slevogt, die Schauspielerin Tilla Durieux und der Theatermann Max Reinhardt zählten zu seinen Gästen.

Aktuell befindet sich der Gutspark im Dornröschenschlaf; alles ist naturbelassen, an manchen Stellen sogar verwildert. In naher Zukunft soll sich dies jedoch ändern: Es gibt Pläne, das Areal kulturell wiederzubeleben. Von einem Museum, einem Rosengarten und einer Aussichtsplattform ist die Rede. Es bleibt also spannend in Spandau.

Nach einem Spaziergang am Ufer könnt ihr den Heimweg entweder mit dem Bus X34 ab Neukladower Allee antreten – oder, weil's so schön war, noch mal übers Wasser zurück nach Wannsee gondeln.

MIT TEMPO 30 ENTLANG DER HAVELCHAUSSEE

Der Bus 218 startet am S-Bahnhof Messe Nord/ICC und bewegt sich via Heerstraße Richtung Süden, um alsbald in Berlins schönste grüne Meile abzutauchen. Auf der idyllischen Havelchaussee drosselt er sein Tempo auf zarte 30 Stundenkilometer, was auch an den Mitfahrenden nicht spurlos vorübergeht, sie entschleunigen umgehend und blicken versonnen aus dem Fenster. Mehrmals täglich kutschiert ein besonderes BVG-Modell aus den 1970er und 1980er Jahren die zehn Kilometer lange kurvenreiche Strecke bis zur Pfaueninsel entlang: der Traditionsbus. Erwischt man einen Doppeldecker, hat man das große Los gezogen – dann nichts wie rauf aufs Oberdeck und auf die vorderen Plätze, von denen aus die Bäume zum Greifen nah scheinen. Auch sehr schön: Die Durchsagen erfolgen zumeist analog durch den Busfahrer.
Sollte statt des erwarteten historischen Doppeldeckers nur ein schnöder Linienbus auftauchen, dann nicht verzagen und einen Spaziergang wagen. Bis zur Haltestelle »Großes Fenster« kann man ganz wunderbar ein paar Kilometer am Fluss oder auf dem Havelhöhenweg entlangspazieren – der nächste Stopp kommt bestimmt, schließlich hält der 218er ganze zehn Mal auf der Havelchaussee.

➤➤ www.traditionsbus.de

TIPP

IN EINE ANDERE ÄRA ABTAUCHEN

PENSION FUNK

Fasanenstraße 69, 10719 Berlin
www.hotel-pensionfunk.de
ÖPNV: Haltestelle Kurfürstendamm/Uhlandstraße

Schon beim Betreten der Nr. 69 fühlt man sich in eine andere Zeit versetzt. Mit einem marmornen Treppenhaus bereitet das 1895 erbaute Charlottenburger Gründerzeithaus seinen Gästen einen filmreifen Empfang. Der original erhaltene Jugendstilaufzug führt in die Beletage zur Pension Funk oder vielmehr in die Wohnung, die Asta Nielsen, die Grande Dame des Stummfilms, von 1931 bis 1937 bewohnte. Sie glänzte als Fräulein Julie, Lulu und Hamlet – als erste Frau, wohlgemerkt! – und empfing in ihrem großen Salon die Crème de la Crème der Berliner Kulturszene.

Noch heute zeugt der imposante Kronleuchter an der vier Meter hohen Decke vom Stil und der Eleganz der Zeit. Im selben Raum wird nun das Frühstück serviert, und manchmal erklingt ein Liedchen aus dem Pianola, Baujahr 1912. Jedes der vierzehn Zimmer ist anders und mit Art-déco- und Gründerzeitmöbel eingerichtet, die Wände sind mit französischen Nachdrucken von Jugendstiltapeten versehen – ein Ambiente, das auch schon Hochglanzmagazine wie die Vogue für Fotoshootings mit Kate Moss und Claudia Schiffer genutzt haben.

Warum sich nicht mal für ein Wochenende zu zweit hier einmieten und den ehemaligen »Neuen Westen« unter die Lupe nehmen? Im gegenüberliegenden Literaturhaus Café einen Aperitif genießen, das Bröhan-Museum besuchen oder den Ku'damm entlangbummeln – es gibt an jeder Ecke etwas zu entdecken. Abends rufen das Wintergarten Varieté oder die Schaubühne – und wer weiß, vielleicht gibt es an der Abendkasse ja sogar noch Karten für »Hamlet« mit Lars Eidinger in der Titelrolle.

EINEN BLICK
IN DIE ZUKUNFT WERFEN

FUTURIUM

Alexanderufer 2, 10117 Berlin
www.futurium.de, barrierefrei, Eintritt frei
ÖPNV: Haltestelle Hauptbahnhof

Wie sieht unsere Welt in zehn, fünfzig, hundert Jahren aus? Wie werden wir wohnen, essen, leben und kreativ sein? Seit 2019 gibt es in Berlin einen Ort, an dem Antworten auf diese Fragen gesucht und mögliche Lösungsansätze präsentiert werden: das Futurium.

Von außen wirkt das spacige, spiegelverglaste Gebäude wie eine überdimensionale Skulptur; von der Seite ähnelt es einem Raumschiff. Doch statt fantastischer Science-Fiction-Szenarien gibt es in der Ausstellung Fakten und Zahlen zu Themen wie Klimawandel, erneuerbare Energien, digitale Technologien, Ernährung, Recycling, Mobilität und Grüne Städte. Im Futurium Lab wird's interaktiv: Hier kann man mit einer Künstlichen Intelligenz Landschaftsgemälde zeichnen, per Wink oder Knopfdruck musizieren und sogar ein eigenes Musikstück komponieren. Spektakulärstes Objekt im Souterrain ist gewiss Philip Beesleys begehbare Installation »Noosphere«, die auf den Menschen mit Vibrationen, Klängen und Lichtmustern reagiert.

Wem bei so viel Zukunftsmusik zwischendurch der Kopf raucht, bekommt ihn auf dem Skywalk schnell wieder frei. Oben auf dem Dach schreitet man zwischen Fotovoltaik- und Solarkollektoren hindurch zum Rundblick auf Spreebogen, Kanzleramt & Co., S-Bahn-Trasse und Charité-Gelände.

Nach dem Besuch des Futurium bietet es sich an, einen Spaziergang durch das nahe gelegene Regierungsviertel zu machen – ein guter Ort, um mit dem Lieblingsmenschen über die nahe und ferne Zukunft nachzudenken und zu diskutieren.

SICH WIE
IN HOLLAND FÜHLEN

BRITZER MÜHLE

Buckower Damm 130, 12349 Berlin
www.britzer-muellerei.de
ÖPNV: Haltestelle Dachdeckerweg

Eben noch schlängelte man sich durch den Neuköllner Straßenverkehr – und dann steht sie plötzlich da, wie aus der Zeit oder einer Postkarte gefallen: die Britzer Mühle, eingerahmt von einer herrlichen Obstwiese. Das 20 Meter hohe Bauwerk ist eine der acht noch erhaltenen Berliner Mühlen; sie wurde 1865 erbaut und 1985 für die Bundesgartenschau im benachbarten Britzer Garten wiederentdeckt und restauriert.

Wenn der Wind ordentlich weht, wird hier wie früher Mehl gemahlen. Wie das genau funktioniert, wird bei den Führungen, die von April bis Ende Oktober an Sonn- und Feiertagen stattfinden, erklärt. Dabei erfährt man auch eine Menge über die bewegte Geschichte und außergewöhnliche Architektur der unter Denkmalschutz stehenden Holländermühle.

Wer noch tiefer in die Mahlmaterie einsteigen will, kann sich vor Ort sogar zur Windmüllerin oder zum Windmüller ausbilden lassen. Die nach niederländischem Vorbild entwickelte, zweijährige Ausbildung ist einzigartig in Deutschland; nach bestandener Prüfung erhalten die »Azubis« ein Diplom, das sie befähigt, die Britzer Mühle zu bedienen und zu warten.

Backt man lieber kleine Brötchen, kann man in der Brotstube neben der Mühle freitags und samstags zwischen 11 und 16 Uhr frisch gemahlenes Biomehl und mehrere Sorten superleckeres Biobrot beziehen. Und wer sich partout nicht vom Anblick der Mühle losreißen kann und dieses Holland-Feeling noch einen Moment genießen möchte, nimmt einfach noch ein Getränk im Biergarten des ehemaligen Müllerhauses ein.

IM KIEZ RUMSTÖBERN
GRAEFESTRASSE

ÖPNV: Haltestelle Schönleinstraße

»Das hab ich mir in Berlin gekauft«. Auch wenn man sich heutzutage alles online bestellen kann, geht doch nichts über ein reales Shopping-erlebnis in der Hauptstadt – vor allem, wenn ein entfernt lebender Lieblingsmensch zu Besuch ist. Neben der Bergmannstraße in Kreuz-berg 61, der Kastanienallee in Prenzlauer Berg oder der Gegend rund um den Boxhagener Platz in Friedrichshain ist ein Ausflug in die Grae-festraße unbedingt empfehlenswert. Im Abschnitt zwischen Planufer und Urbanstraße reihen sich kleine, besondere Läden an hippe Con-cept Stores, alternative Projekte und schöne Cafés; dazwischen hält ein Supermarkt mit Tante-Emma-Flair die Stellung. Die Bürgersteige sind grün bepflanzt und die Shopinhaber:innen schnacken gern mal bei einem Kaffee vorm eigenen Laden – auch mit der Kundschaft.

Da gibt es die Filmemacherin Ute Gumz, die nach 28 Jahren in Boli-vien wieder in Berlin gelandet ist und das »Alpaca Studio« (Graefe 9) führt. An der Eingangstür begrüßt eine kleine kuschelige Variante des südamerikanischen Kamels die Kundschaft; von den Kindern im Kiez bekommt es regelmäßig seine Streicheleinheiten. Neben bolivianischer Strick- und Webkunst, weichen Shirts aus Pima Cotton und vielen bunten Mützen gibt es hier auch Fotokunst der Tochter Momo und Geschichten aus Utes bewegtem Leben. In »Umbras Kuriositätenka-binett« (Graefe 18) stapeln sich antiquarische Bücher bis unter die Decke; Inhaber Mario Zimmermann-Umbra hilft gern bei der Suche nach sel-tenen Büchern im vermeintlichen Chaos, über das er selbstredend den Überblick hat. Ein großartiges Ambiente, das an Karl Konrad Korean-ders Antiquariat in Michael Endes »Die unendliche Geschichte« erin-

nert. Das »Selbrund« (Graefe 19) führt im Vorzimmer Strumpfwaren aller Art; im hinteren Raum kann man Stunden damit verbringen, die schöne Auswahl an Pullovern, Blusen, Röcken, Kleidern und Hosen – vieles davon aus Öko-Textilien – zu inspizieren und anzuprobieren.

Und auch das Schuhsortiment ist nicht von schlechten Eltern.

Ob Fedora oder Porkpie, Stetson oder Mayser, Stroh- oder Filzhut – im Hutladen »Save The Cake« (Graefe 68) gibt es Kopfbedeckungen statt Kuchen und eine kompetente Beratung der Besitzerin Ulrike Scheer als Topping. Bestes Banana Bread und Bostock hingegen wird nebenan in der Bäckerei »Albatross« (Graefe 66/67) angeboten, vor der sich hin und wieder eine kleine Schlange bildet (was auch an dem erquickenden Cold Brew Coffee liegen kann). Der paradiesische Blumenladen »farodiso« (Graefe 65a) verzückt das Auge mit ausgesuchten Blumen und Pflanzen im wunderschön gekachelten Altbau; im Hinterraum könnt ihr euch bei »Vinotopia« mit hervorragenden Bio-Weinen eindecken.

Wer zwischendurch mal eine Pause und kulinarischen Input braucht, kommt in der Graefestraße alle paar Meter auf seine Kosten: Leckeres organic Food gibts in der »Kaffeebar« (Graefe 8), Nigiri & Co. in extraordinärem Ambiente bei der »Sushi Gang« (Graefe 8), italienische Spezialitäten in der »RE Cucina« (Graefe 78) und Popcorn- und Pistazieneis im pastellfarbenen »Lecko'Mio« (Graefe 80).

Richtig gut versacken kann man zu späteren Stunden in der »Minibar« (Graefe 77), die wirklich sehr winzig ist; vielleicht kommt man gerade deswegen schnell mit anderen ins Gespräch und bleibt noch einen Drink länger. Geöffnet ist bis open end.

FACHSIMPELN UND TEE TRINKEN

Wer, ohne Google zu bemühen, weiß, was eine Gong Fu Cha ist und den Unterschied zwischen Gyokuro, Matscha und Pu Erh erklären kann, ist bereit für das Berlin Tea Festival. Am besten besucht man es natürlich mit jemandem, der die gleiche Leidenschaft hegt – oder zumindest versteht, dass hinter einer guten Tasse Tee mehr steckt als das schnöde Überbrühen getrockneter Blätter.

Jedes Jahr im November verwandelt sich die Heilig-Kreuz-Kirche an der Zossener Straße in einen Tee-Tempel, in dem sämtliche Berliner Teeläden ihre Ware feilbieten. Am Eingang bekommt ihr eine kleine Schale, mit der ihr von Stand zu Stand lauft und die unterschiedlichsten Sorten ausprobieren könnt, Auskunft über Anbaugebiete und Zubereitung gibts inklusive. Und da das Auge mittrinkt, gibt es neben Kunst aus Keramik auch Ikebana, Bonsai und Kalligraphie zu bewundern. Lesungen, Teezeremonien, Workshops und ein Secondhandmarkt für Teekannen runden das Festivalprogramm ab.

➡➤ www.berlin-tea-festival.de

TIPP

HELDEN
FÜR EINEN TAG SEIN

AUF DEN SPUREN DAVID BOWIES

Diverse Orte im ehemaligen West-Berlin
www.musictours-berlin.de/de/bowietour

Ein unscheinbarer Altbau in der Schöneberger Hauptstraße 155, dem man unter normalen Umständen keinerlei Beachtung schenken würde – wäre da nicht diese Gedenktafel:

In diesem Haus wohnte von 1976 bis 1978
DAVID BOWIE (8.1.1947–10.1.2016).
In dieser Zeit entstanden die Alben »Low«, »Heroes« und »Lodger«.
Sie gingen als Berliner Trilogie in die Musikgeschichte ein.
»We can be heroes, just for one day«.

Für echte Bowie-Fans ist dieser Ort eine Pilgerstätte; hier also residierte der Thin White Duke in einer Sieben-Zimmer-Wohnung im ersten Stock! Immer mit von der Partie war sein Musikerkumpel Iggy Pop, mit dem er Tisch und Tonstudio teilte. Genauer gesagt: Die Hansa Studios in der Köthener Straße 38 in Kreuzberg, hinter denen die Berliner Mauer verlief. Das Studio 2, den heutigen Meistersaal, nannte Bowie daher auch »the big hall by The Wall«. Hier entstand seine Mega-Hymne »Heroes«, zu deren Lyrics ihn der Legende nach ein Liebespaar inspiriert haben soll, das sich im Schatten der Mauer küsste.

Wen es nach mehr Details und Anekdoten über Bowies Zeit im geteilten Berlin dürstet, dem sei eine Profi-Führung ans Herz gelegt. Berlin Music Tours bieten die »Bowie Berlin Tour« inklusive einer Besichtigung der Hansa Studios an, und über GetYourGuide könnt ihr den »Bowie-Rundgang mit Freigetränk im Café Neues Ufer« buchen. Besagte Bar hieß Ende der 1970er Jahre noch »Anderes Ufer«, war das erste offen queere Café der Stadt und Bowies Stammkneipe ›umme Ecke‹ in der Hauptstraße 157. Nostalgische Partybilder dieser wilden Zeit zieren heute die Wände; gern wäre man mit dabei gewesen. Just for one day.

DURCH ALT-RIXDORF FLANIEREN
ENTLANG DER RICHARDSTRASSE

ÖPNV: Haltestelle Karl-Marx-Straße oder Neukölln

Wo der Asphalt der Richardstraße zu Kopfsteinpflaster wird, betritt man den Boden des früheren Böhmisch-Rixdorf. Die hübschen Häuschen mit ihren Giebeln, Gartenzäunen und grünen Fensterläden lassen die nahe gelegene, baustellenlastige Karl-Marx-Straße sofort in weite Ferne rücken. »Wir sind ein Dorf mit U-Bahn-Anschluss«, erklärt Brigitta Polinna nicht ohne Stolz. Sie betreibt die nostalgische Puppenklinik in der Richardstraße 99 und ist Mitgründerin des Museums im Böhmischen Dorf, das im ehemaligen Schulhaus in der Kirchgasse 5 untergebracht ist. Ihre protestantischen Vorfahren mussten im 18. Jahrhundert aus dem katholischen Böhmen fliehen; der preußische König Friedrich Wilhelm I. – seine Statue thront auf dem Vorplatz – ließ sie 1737 im damaligen Rixdorf ansiedeln. Jede Familie bekam ein Gehöft, Pferde, Kühe und Gerätschaften, um den Acker zu bestellen. Wie Brigitta Polinna leben noch heute direkte Nachfahren in den Büdnerhäusern zwischen Kirchgasse und Richardstraße. Wer einen Blick hinter die Kulissen werfen möchte, hat dazu jedes Jahr an einem Wochenende Ende Mai, Anfang Juni Gelegenheit: Im Rahmen der »Offenen Gärten Berlin-Brandenburg« wird in die »Verborgenen Hofgärten im Böhmischen Dorf« geladen, einem liebevoll gehegten und üppig blühenden Paradies. Bei Kaffee und Kuchen vom guten Porzellangeschirr und musikalischer Untermalung entspinnen sich nette Gespräche mit Frau Polinna und ihren Nachbarn; wer dieses Idyll einmal betreten hat, kommt jedes Jahr wieder.

Das ganze Jahr über geöffnet ist der Comenius-Garten (Richardstraße 35), der dem böhmischen Universalgelehrten Johann Amos

Comenius und seiner Philosophie gewidmet ist; hier kann man zwischen vielen kleinen Beeten, einem duftenden Insektengarten und dem hübschen Pavillon Ruhe und sogar ein bisschen Frieden finden.

Weiter der Richardstraße Richtung Süden folgend stößt man auf den Richardplatz, den Dorfanger des früheren Deutsch-Rixdorf und Wiege des heutigen Neuköllns. In dessen Mitte steht die fast 400 Jahre alte Rixdorfer Schmiede, in der Martin Böck noch heute traditionell mit Hammer und Amboss arbeitet, seine Frau Katharina ist Goldschmiedin. Beide bieten regelmäßig Kurse an, in denen ihr wahlweise eine Axt, ein Messer oder aber eure Trauringe selbst anfertigen könnt. Ein Bild an der Hauswand verweist auf einen lustigen Brauch, der jedes Jahr im September praktiziert wird: unter Trommelwirbel und viel Applaus findet rund um den Richardplatz das Rixdorfer Strohballenrollen »Poprá-ci« (tschechisch po práci heißt »nach der Arbeit«) statt. Laut der Künstlerkolonie Rixdorf, die die Riesengaudi seit 2008 veranstaltet, handelte es sich dabei um ein traditionelles Kräftemessen zwischen der Jugend von Böhmisch-Rixdorf und Deutsch-Rixdorf. Wie dem auch sei – nach der Siegerehrung wird rund um den Richardplatz ordentlich und generationsübergreifend gefeiert.

Etwas besinnlicher, aber ebenso beliebt ist der historische Alt-Rixdorfer Weihnachtsmarkt, der hier jedes Jahr am zweiten Adventswochenende im stimmungsvollen Schein der alten Petroleumlaternen stattfindet; die Buden unterstützen allesamt karitative Organisationen. Wenn auf einen Berliner Weihnachtsmarkt, dann auf diesen.

WIE AUS RIXDORF NEUKÖLLN WURDE

»Uff den Sonntag freu ick mir. Ja, denn jeht et raus zu ihr,
Feste mit verjnügtem Sinn, Pferdebus nach Rixdorf hin!
Dort erwartet Rieke mir, ohne Rieke keen Pläsir!
In Rixdorf ist Musike, da tanz ick mit der Rieke,
In Rixdorf bei Berlin.«

Ende des 19. Jahrhunderts wurde in Rixdorf nicht nur
auf den Gassenhauer »In Rixdorf ist Musike« viel und vor
allem eng miteinander getanzt. Ein Skandal! Dem kon-
servativ-wilhelminischen Lager war der frivole Schie-
bertanz ein Dorn im Auge, stand er doch sinnbildlich
für den moralischen Verfall der verrufenen Arbeiter-
stadt mit ihren Vergnügungsmeilen und den sozialde-
mokratischen Tendenzen. Um ihr Image aufzupolieren,
wurde die Stadt Rixdorf an des Kaisers Geburtstag 1912
in »Neukölln« umbenannt, nach der mittelalterlichen
Stadt Cölln an der Spree. Der Bevölkerung soll das gar
nicht gefallen haben; auch im frisch gebackenen Neukölln wurde fröhlich weitergefeiert.

TIPP

EINMAL IM KREIS FAHREN
BERLINER RINGBAHN

sbahn.berlin

Als Iggy Pop, der Godfather of Punk, in den 1970er Jahren in Schöneberg lebte, soll er Ausflüge mit der S-Bahn geliebt haben; es wird sogar gemunkelt, sie habe ihn zu seinem Megahit »The Passenger« inspiriert. Tatsächlich ist es eine interessante Idee, einmal nonstop mit der Ringbahn die Berliner Innenstadt zu umrunden. Am besten in Begleitung eines Menschen, mit dem man gern die Kopfhörer teilt und »Lust For Life« anhört; das Album hat Iggy Pop 1977 mit David Bowie in Berlin eingespielt.

Egal, wo ihr einsteigt und ob ihr euch im Uhrzeigersinn (S41) oder gegen ihn (S42) bewegt: der Spaß kostet einen Einzelfahrschein pro Nase. Die Fahrt dauert etwas über eine Stunde, an 27 Stationen wird angehalten. Menschen werden ein- und aussteigen, aber ihr bleibt einfach sitzen und beobachtet die Stadt vom Fenster aus. Bundesplatz, Heidelberger Platz. Dann Westkreuz, über die Stadtautobahn. Irgendwann taucht mit dem Funkturm das frühere Wahrzeichen West-Berlins auf. Messe Nord/ICC. Weiter über Beusselstraße, vorbei am Berliner Großmarkt zum Behala Westhafen. Lagerhallen und Container, soweit das Auge reicht. Wedding. Reger Fahrgastwechsel am Gesundbrunnen. Graffiti auf vorbeiziehenden Wänden. Schönhauser, Prenzlauer, Landsberger Allee. Das Velodrom. So viele Menschen drängen sich am Ostkreuz! Dann das Highlight: Die Bahn überquert die Spree via Elsenbrücke und gibt den Blick frei auf Molecule Man und Oberbaumbrücke. Schnell noch einen Blick zur anderen Seite auf den Treptower Hafen. Sonnenallee, Neukölln, Hermannstraße. So schön: die unendlichen Weiten des Tempelhofer Feldes. Südkreuz. Und hinterm Gasometer: Schöneberg, wo Iggy bestimmt ausgestiegen wäre.

SICH AN DER SPREE VERLUSTIEREN

HOLZMARKT 25

Holzmarktstraße 25, 10243 Berlin
www.holzmarkt.com
ÖPNV: Haltestelle Ostbahnhof

Veränderung ist in der Hauptstadt allgegenwärtig; schöne Dinge kommen und gehen wie die Nächte in den charmant-improvisierten Clubs und Strandbars an der Spree. Doch Berlin wäre nicht Berlin, wenn sich nicht doch immer wieder eine Nische fände oder an anderer Stelle wie Phönix aus der Asche etwas Neues entstünde. Prominentes Beispiel ist der Holzmarkt 25, der 2017 auf dem Gelände der legendären Bar 25 seine Tore geöffnet hat – diese Mal allerdings nicht nur als Spielwiese für Feierwütige, sondern als genossenschaftlich organisiertes urbanes Dorf, das immer weiterwachsen soll und mit Ateliers, Werkstätten und Büros auch viel Raum für Berlins Kulturschaffende bietet.

Und natürlich eine Menge Platz für Amüsement und Gaumenfreuden: Der schon zu Kater-Holzig-Zeiten von Szene-Gourmets hochgelobte »Katerschmaus« serviert direkt unten am Fluss kreative Küche und ausgezeichnete Weine. Den Spreeblick gibts als Beilage, und schon beim Aperitif fühlt sich alles irgendwie nach Kurzurlaub an. Abends geht's entweder zum Konzert ins Sälchen oder in den Club, den Kater Blau; im Sommer wird sich großflächig unter freiem Himmel zu elektronischen Sounds bewegt oder unter Sonnensegeln und Zirkuszeltdächern ein kühles Getränk in der »Spreelunke« zu sich genommen. Ein experimentelles Tanzerlebnis bietet die Teledisko, eine umfunktionierte Telefonzelle in Quietschehellblau. Für zwei Euro könnt ihr auf dem außen angebrachten Display einen Song wählen und dann im Inneren mit der Feierfreundin oder dem Ausgehfreund darauf abtan-

zen; Diskokugel und -nebel plus Erinnerungsfotos machen die sehr spaßige Aktion noch runder.

Aber auch Menschen, die den Tag der Nacht vorziehen, kommen im Holzmarkt auf ihre Kosten: Im Mörchenpark wird schon seit 2012 Urban Gardening betrieben; hier könnt ihr euch ansehen, wie ökologischer Anbau mitten in der Stadt nach dem Motto »Gemeinsam machen wir Mörchen wahr« funktioniert – und auch selbst mitmachen. Oder

doch lieber mitfeiern, beim Frühlings- und Erntedankfest zum Beispiel. Wer ein Faible für skurrile Schrott- und Recyclingobjekte hat, wird das World Trash Center lieben, und Suchende nach dem kulinarischen Glück finden es gewiss im Café Holzmarktperle, in der Patisserie, der Weinhandlung oder auf dem Wochenmarkt, der jeden Samstag von 11 bis 20 Uhr stattfindet. Will man es etwas ruhiger angehen, ist der späte Vormittag eine gute Zeit, um das Areal zu erkunden. Schon am Eingang steigt einem der Duft von Zimtschnecken in die Nase und lockt zur schnuckeligen »Backpfeife«-Bäckerei, wo ihr das Objekt der Begierde am besten mit einem frisch aufgebrühten türkischen Bergtee genießt, oder mit einem Kaffee, der, sehr sympathisch, in einer kleinen French Press serviert wird. Auch die getoasteten Sandwiches sind richtig yammy. Wer nach einer wilden Nacht noch nichts essen kann und nach Flüssigkeit dürstet, dem sei die prickelnde und nicht zu süße Kater-Mate empfohlen. Mit etwas Glück ergattert ihr einen der begehrten Plätze unten am Wasser und könnt euch in einer Holzhütte oder unter Trauerweiden niederlassen. So ein Katerfrühstück mit Blick auf das gegenüberliegende Kreuzberger Ufer – besser geht's nicht.

Miteinander entspannen

DER BLUMENLIEBE FRÖNEN
KÖNIGLICHE GARTENAKADEMIE

Altensteinstraße 15a, 14195 Berlin
www.koenigliche-gartenakademie.de
ÖPNV: Haltestelle Limonenstraße

Nahe des Botanischen Museums in Dahlem befindet sich ein kleines Pflanzenparadies: die Königliche Gartenakademie. Beim Durchschreiten des liebevoll gestalteten Geländes öffnet sich das Gärtnerherz wie eine aufblühende Pfingstrose, und der Anblick der farblich sortierten Blumenpracht lässt es zweifelsohne höherschlagen. Hier wimmelt es nur so von Inspirationen für die eigene kleine Oase, und in der Gartenschule werden Workshops wie etwa »Gärtnern im Einklang mit der Natur« oder Kurse zu Schnitt und Pflege der heiß geliebten Rose angeboten.

Erschaffen wurde dieser wunderbare Ort, der Gärtnerei und Gestaltungsstudio zugleich ist, von den Garten-Designerinnen Gabriella Pape und Isabelle Van Groeningen. Beide haben ihr Handwerk in England gelernt und sogar schon mit der Queen über Stauden und Gehölze gefachsimpelt. 2005 entdeckten sie das denkmalgeschützte Areal der ehemaligen Königlichen Gärtnerlehranstalt, die 1823 von Lenné in Potsdam gegründet worden und 1903 nach Dahlem umgezogen war. Hier sollte ihr Traum von einem Ort, an dem Gartenkultur gelebt und weitergegeben wird, wahr werden. Seit der Eröffnung 2008 geben sich hier Fachleute, Hobbygärtner:innen und Blumensuchende die Klinke oder vielmehr: die Gartenschere in die Hand. Wer zudem noch Tortenfan ist, kommt gleich doppel auf seine Kosten: Eines der historischen Gewächshäuser wurde in ein lichtdurchflutetes Café verwandelt, in dem es köstlichen Tee und Kuchen (sogar in Größe XL!) gibt. Im Sommer kann man wunderschön draußen sitzen und die saisonale und regionale Küche genießen.

MIT DER SCHWESTER SCHWITZEN

HAMAM BERLIN

Mariannenstraße 6, 10997 Berlin
www.hamamberlin.de
ÖPNV: Haltestelle Heinrichplatz oder Görlitzer Bahnhof

Auf dem Hinterhof des Kreuzberger Frauenzentrums Schokoladenfabrik führen ein paar Stufen hinauf zu der Tür, hinter der uns die pure Entspannung erwartet: Im Türkischen Bad für Frauen wird die Reinigung von Körper und Seele auf wunderbare Weise zelebriert. Hierher kommt man am besten mit der Schwester oder Freundin und bringt viel Zeit und ein paar Handtücher mit.

Gespannt beginnen wir die reinigende Reise im etwa 40 Grad warmen, mit ätherischen Ölen erfüllten Hamam-Bad, wo wir langsam, aber sicher ins Schwitzen kommen. Immer wieder gießen wir Wasser aus einer Schale, der Tas, über uns. So werden zum einen Schlacken, aber auch negative Gedanken und Energien einfach hinausgeschwemmt. Heilige Ruhe herrscht hier übrigens keineswegs; das Hamam ist traditionell auch ein Ort der Kommunikation, und vor Ort in Kreuzberg wird in den unterschiedlichsten Sprachen gesprochen, gelacht und manchmal sogar gesungen.

Durch die mosaikbesetzte Kuppel fällt ein sanftes Licht auf den großen, achteckigen Nabelstein Göbek Tas in der Mitte des Raumes. Wir haben es uns auf ihm bequem gemacht, schwitzen noch mehr und spüren, wie sich innere und äußere Verspannungen immer mehr lösen. Den Rest erledigen Kese, das Ganzkörperpeeling mit Seidenhandschuh, und Sabunlama, die Seifenschaummassage. Nach dem abschließenden Abbrausen und Einölen haben wir samtweiche Haut und schweben im Hamam-Himmel – und von dort direkt in den Ruheraum, wo auch schon Tee und Obst für uns bereitstehen.

GEMEINSAM EIN- UND AUSATMEN
YOGA IN DER GANZEN STADT

www.yogaatlobeblock.de
www.yellow-yoga.com

Ein lang anhaltendes Om schwebt über die Dachterrasse und entschwindet sanft über den Dächern der Stadt. Vor den Yogaübenden breitet sich der Wedding in Abendstimmung aus, das Rundum-Panorama reicht vom Flakturm im Humboldthain über Fernsehturm und Potsdamer Platz bis zum Amtsgericht Wedding, hinter dem die Sonne langsam untergeht. Der Himmel über Berlin ist blau an diesem Abend, große weiße Wolken ziehen langsam vorüber. Innere Einkehr in urbanem Setting, auch wenn im Hintergrund mal die S-Bahn vorbeirauscht. Ein bisschen wie in Indien, dem Mutterland des Yoga: Drumherum tobt das Leben, aber wahre Yogis bleiben in ihrer Mitte und üben sich in Gelassenheit.

Das nahe des Bahnhof Gesundbrunnen gelegene Studio Yoga at Lobe Block ist einer der außergewöhnlichsten Yoga-Orte der Stadt. Eingebettet in ein nach dem »Rough-is-enough«-Prinzip gestaltetem Terrassenhaus – viel Beton, Glas und Grün drumherum – kann man hier auf drei Ebenen in minimalistischem Ambiente Yoga üben. Ein Aufzug führt hoch in den ersten Stock direkt ins Studio, zu den Terrassen und zum Rooftop geht es über zwei steile Freitreppen. Der Stundenplan ist gut gefüllt mit Drop-in-Klassen, von »Vinyasa for Happiness« bis Yin Yoga ist alles dabei; unterrichtet wird auf Deutsch oder Englisch. Im Sommer sind die Morgen- und Abendklassen auf dem Rooftop eine feine Sache; insbesondere die »Sound and Sun Bath« Gong Meditation mit Frida, nach der man tiefenentspannt nach Hause schwebt.

Szenenwechsel. Ein heller Raum mit Holzboden und Blick in einen begrünten Kreuzberger Hinterhof; auf dem Fensterbrett steht ein schöner Strauß mit ausgesuchten Blumen. Zur Eröffnung der Kundalini-Stunde chanten die Schüler:innen mit Paula »Ong Namo Guru Dev

Namo« und setzen dann die nächsten 90 Minuten ihre Energien frei. In der solidarischen Yogagemeinschaft Yellow Yoga unterrichten internationale Lehrer:innen für faire Preise an zwei Standorten; neben dem »Gelben Raum« gibt es noch das »Studio Sonne« in Neukölln. Noch tiefer in die wunderbare Welt des Yoga eintauchen könnt ihr bei lehrreichen Workshops und zu Herzen gehenden Singing Meditation Sessions.

Die Berliner Yogalandschaft ist riesig und wächst beständig. Ob klassisches Hatha, forderndes Ashtanga, schweißtreibendes Vinyasa, präzises Iyengar oder entspannendes Yin, nirgendwo sonst in Deutschland werden so viele unterschiedliche Stile in so vielen Studios angeboten – ganz zu schweigen von all den anderen Blüten, die der Trend so treibt: Acro-, Hot-, SUP- oder gar Nackt-Yoga. Natürlich ist es schön, wenn Yoga auch Spaß macht – aber tatsächlich geht es um viel, viel mehr: das Verbinden von Körper, Geist und Seele.

Welchen Yogaweg ihr auch geht – es ist schön, einen Yoga-Buddy an seiner Seite zu haben, mit dem man gemeinsam einen Anfänger:innenkurs machen, zum Mantrasingen gehen oder die Berliner Yoga-Szene erforschen kann. Jemanden, der dich motiviert und dir hilft, den inneren Schweinehund zu überwinden, wenn du mal wieder zu Sofa und Serie statt zu Sphinx und stehendem Spagat tendierst. Spätestens, wenn ihr nach einer guten Stunde leicht verschwitzt, aber glücklich und in euch ruhend noch einen Tee miteinander trinkt, wisst ihr: Es war gut, sich auf die Matte zu begeben. Om, shanti, shanti, shanti.

NOCH MEHR YOGA-ORTE

Im Helmholtz-Kiez ist das freundlich-familiäre »Yoga Kalaa« die erste Adresse. Die Vinyasa-Stunden der Schwestern Stefanie und Manu Berndt sind kraftvoll und sanft zugleich. Tolles Plus: Im Sommer finden auch Klassen im Garten statt.

➤➤ www.kalaa-yoga-berlin.de

Wenn zwischen Moritzplatz und Hallesches Tor herz-öffnende Klänge ertönen, spielt Marijana Savovska hingebungsvoll Harmonium. In ihrem 2019 eröffneten »Yogama Berlin« stehen auch Himalaya- und Hormon-Yoga auf dem Stundenplan.

➤➤ www.yogama.berlin

Im »Yoga Delta« in Mitte wird Kundalini Yoga großge-schrieben. Die enorm energetisierende Yogapraxis ist wie ein innerer Goldregen; auf dem Weg dahin seid ihr bei Sohan und Sophia in guten Händen.

➤➤ www.yogadelta.de

Egal, in welchem körperlichen, emotionalen oder see-lischen Zustand ihr im »Iyengar Yoga Studio Berlin« in der Oranienstraße aufschlagt – dank präziser Aus-richtung, höchster Konzentration und Profianweisun-gen von Stefanie Roth & Co. werdet ihr es aufgerichtet wieder verlassen.

➤➤ www.iyengaryogastudioberlin.de

TIPP

AFTERNOON TEA
FOR TWO
DAS TEEHAUS IM ENGLISCHEN GARTEN

Altonaer Straße 2, 10557 Berlin
www.das-teehaus.berlin
ÖPNV: Haltestelle Bellevue oder Großer Stern

Wie jetzt, Englischer Garten – wir sind doch nicht in München?!
Richtig, aber auch in der Hauptstadt gibt es einen kleinen Park gleichen Namens, und zwar im Großen Tiergarten zwischen Hansaplatz,
Schloss Bellevue und Siegessäule. Und das kam so: Da Berlins grüne
Lunge im Winter nach dem Zweiten Weltkrieg
fast gänzlich abgeholzt war – die Bevölkerung
brauchte Brennholz –, hatte General Geoff-
rey Bourne, seines Zeichens britischer Stadt-
kommandant von Berlin, eine Idee: Er rief die
Briten zu Pflanzenspenden auf. Und siehe da,
über 5000 Gehölze kamen zusammen, und das
Königshaus spendete eben jene Grünanlage, die
heute als »Englischer Garten« bezeichnet wird.
Bei der Eröffnungsfeier 1952 war neben dem
Regierenden Bürgermeister Ernst Reuter auch
der britische Außenminister Anthony Eden
anwesend, was dem kleinen Park den Neck-
namen »Garten Eden« einbrachte. 1965, bei
ihrem ersten offiziellen Besuch in West-Berlin,
pflanzte die Queen höchstpersönlich eine Eiche
aus dem Garten Windsor in die Nähe des reet-
gedeckten Teehauses.

Wer jetzt sofort Lust auf einen Darjeeling
verspürt, ist hier goldrichtig – am besten in
Gesellschaft einer Person, die einen stilechten
»Afternoon Tea für zwei« zu schätzen weiß.
Gemeinsam könnt ihr draußen auf der Terrasse sitzen, Menschen beobachten und euch am
von Schilf umrahmten Teich und der hübsch
angelegten Gartenanlage erfreuen; manchmal
hoppelt sogar ein Hase durchs Landschaftsbild.
Musikalische Untermalung gibt es an den Sonn-
tagen von Juli bis September, wenn rund um das
Teehaus der Konzertsommer stattfindet.

WELLNESSEN WIE AUF BALI
VABALI SPA BERLIN

Seydlitzstraße 6, 10557 Berlin
www.vabali.de
ÖPNV: Haltestelle Seydlitzstraße, Lesser-Ury-Weg oder Hauptbahnhof

Wie der Name schon andeutet, möchte Berlins größter Wellnesstempel Erholungsuchenden die lange Anreise zur Insel der Götter ersparen. Und so führt nur 500 Meter hinter dem Berliner Hauptbahnhof ein von Bambus umsäumter Gang hinaus aus dem täglichen Großstadt-Tamtam und hinein ins fernöstliche Ambiente.

Wer das vabali zum ersten Mal betritt, braucht etwas Zeit, um das weitläufige Areal mit all seinen Möglichkeiten zu überblicken; schöne Orientierungspunkte sind im Winter der Innen- und im Sommer der Außenpool. Bikini oder Badehose könnt ihr getrost zu Hause lassen, hier wandelt man ausschließlich im Kimono umher; alle Becken und Saunen sind textilfreie Zone. Smartphones müssen ebenfalls draußen bleiben – womit dem digital Detox nichts mehr im Wege steht und ihr euch ganz und gar auf den Lieblingsmenschen konzentrieren könnt. Paare buchen am besten ein Wellnesstag-Paket, das den Tageseintritt, je einen Bademantel und ein Saunatuch und eine Aromaölmassage für zwei beinhaltet. Viel mehr braucht es auch tatsächlich nicht zum kompletten Abschalten.

Über das ganze Gelände verteilt gibt es zehn (!) verschiedene Saunen, einige bieten ein Extra für die Sinne. In der nach dem balinesischen Entspannungsritual »Bali Boreh« benannten Kräutersauna kommen beispielsweise ätherische Öle zum Einsatz. Jede Stunde gibt es einen frischen Aufguss mit Basilikum, Kardamom oder Zimt, um nur ein paar zu nennen – ein intensives Dufterlebnis, das wirklich gut Stress abbaut. In der Bio Lounge Sauna »Bhuana« könnt ihr ein wechselndes Farbenspiel auf euch wirken lassen; das Spektrum reicht

von beruhigendem Blau zum anregenden Rot über entspannendes Grün bis zu stimmungsaufhellendem Gelb. In der Meditationssauna »Jiwa« werden sanfte, aber auch »Balinesische Klänge« angeboten; wer schon einmal auf Bali war, weiß, dass hier auch Glockenspiel,

Gong und Trommeln zum Einsatz kommen. Apropos Instrumente: Am türkis gekachelten Innenpool wird regelmäßig live Handpan gespielt, was euch auf eurem Wasserbett noch mehr entspannen lässt.

Ein prima Plus sind auch die Body Scrubs, die in kleinen Schalen angeboten werden. Egal, ob ihr euch für das Kiefernholz-, Kokos-, Minz- oder Orangenpeeling entscheidet, nach dem Abduschen wird sich eure Haut wie ein Babypopo anfühlen.

In der Frauen-Sauna »Sita« – benannt nach der Frau des Gottes Rama – stehen auch Gesichtsmasken aus Lavendel, Schokolade und Kaffee bereit.

Ganz wichtig beim Saunieren: das Trinken zwischen den Saunagängen nicht vergessen, am besten stilles Wasser und keinen Alkohol. Eure Trinkflaschen könnt ihr am Wasserspender auffüllen, oder ihr gönnt euch im Restaurant eine hausgemachte Gurke-Minze-Limonade. Für den Hunger danach steht leichte asiatische Kost wie die Thai-Suppe Tom Kha Gai, balinesisches Nasi Kuning und, oh süße Urlaubserinnerung, Sticky Rice auf der Tageskarte.

Der Höhepunkt des Wellnesstags aber wird mit Sicherheit die Massage sein. Ihr habt die Qual der Wahl: Soll es eine klassische Ganzkörpermassage sein? Oder lieber eine ayurvedische Abhyanga, eine Thaimassage, Lomi Lomi Nui oder Shiatsu – schließlich ist man ja gerade irgendwie in Asien? Sehr fein ist auch die Fußmassage mit Rosenblütenpeeling – danach geht ihr wie auf Wolken.

SICH EIN NICKERCHEN GÖNNEN

12.30 Uhr, ein Büro in Mitte. Die Energie ist im Keller.
Jetzt ein Power Nap – das wär was! Und warum eigentlich
nicht? Die Kunst des Kurzschlafs heißt in China »Wujiao«
und in Japan »Inemuri«; in beiden Ländern ist es gang
und gäbe, in der U-Bahn oder gar am Arbeitsplatz für ein
paar Minuten die Augen zuzumachen. Zehn bis zwanzig
Minuten Leichtschlaf, danach ist der Kopf wieder klarer
und die mittägliche Müdigkeit verschwunden.

Wer in Kreuzberg oder Mitte arbeitet, kann die Mittags-
pause mit der Lieblingskollegin oder dem Lieblingskol-
legen etwas anders gestalten und im »Nickerchen« 30
Minuten ungestört und schamlos schlafen. Auf einer
orthopädischen Liege, Schlafbrille und Ohrstöpsel gibt's
inklusive. Oder aber ihr gönnt euch die »Perfekte Auszeit«
und lasst euch 45 Minuten – die ideale Lunchtime-Länge–
Rücken und Nacken oder Kopf und Gesicht massieren.
Beides ist herrlich.

➸ www.nickerchen-berlin.de

TIPP

VILLEN GUCKEN UND DEM WINDSPIEL LAUSCHEN
FROHNAU

ÖPNV: Haltestelle Frohnau

»Die halbe Oper wohnt in Frohnau« hieß es im Berlin der Zwanzigerjahre. Viele Kunstschaffende zog es aus der pulsierenden Metropole gen Norden, wo die erst 1910 nach englischem Vorbild erbaute Gartenstadt mit viel Grün und schicken Landhäusern lockte. Neben dem S-Bahnhof gab es ein Gasthaus mit Biergarten, und so kamen auch die Wochenendausflügler in Scharen. Das Wahrzeichen Frohnaus, der Kasinoturm, erinnert noch heute an diese Zeit.

Nach wie vor ist der Villenvorort ein charmantes Ziel für eine kleine Auszeit zu zweit – besonders, wenn man sich an Ziergiebeln, Erkern und Magnolien im Vorgarten erfreuen kann. Über den Zeltingerplatz gelangt man zum Edelhofdamm. Zu beiden Seiten reihen sich Villa an Villa aneinander, eine schöner als die andere. Ein Glück, dass man sich für keine entscheiden muss!

Hinter einem Elefantenportal führen 73 Stufen hinauf zum Buddhistischen Haus. Die unter Denkmalsschutz stehende buddhistische Tempelanlage – sie gilt als die älteste Europas – hat der konvertierte Arzt, Autor und Asienreisende Paul Dahlke Mitte der 1920er Jahre erbauen lassen. Heute leben und wirken hier sri-lankische Mönche. Interessierten steht das Haus offen; ein weitläufiger Garten mit Buddha-Statuen und die himmlische Ruhe vor Ort laden zum meditativen Verweilen ein. Nur ein zartes Windspiel ist zu hören.

Nach dieser inneren Einkehr kann man über den Ludwig-Lesser-Park zurück zum S-Bahnhof schweben. Und im grünen Garten des Kaffeehauses Zeltinger einem ganz weltlichen Vergnügen frönen: einem feinen Himbeertörtchen mit viel Schlagsahne obendrauf.

MIT DER FÄHRE AUF DIE INSEL ÜBERSETZEN

LINDWERDER

Havelchaussee 43, 14193 Berlin
www.lindwerder.de
ÖPNV: Haltestelle Lindwerder

Hinter der Bushaltestelle auf der Havelchaussee führt ein kleiner Weg hinab zum Fähranleger an der Lieper Bucht. Und da ist sie, zum Greifen nah, die Insel Lindwerder. Obwohl nur einen sportlichen Steinwurf von 200 Metern entfernt, braucht es etwas Know-how um hinüberzugelangen: Man muss mit der Klingel – sie ist links am Steg angebracht – den Fährmann rufen. Dann heißt es ein bisschen warten und entschleunigen, sprich: einfach aufs Wasser blicken, und früher oder später kommt sie angetuckert, die 36 PS starke Personenfähre »Lindwerder II«, Baujahr 1956.

Sind alle eingestiegen, wird übergesetzt und im Nu hat man wieder festen Boden unter den Füßen. Die 22.000 m² kleine Insel mit mehr als 50 Lindenbäumen und einem Yachtclub ist bald abgeschritten; Ziel des Ausflugs ist ohnehin das Restaurant Lindwerder mit seiner wunderbaren Terrasse am Havelufer. In Berlin gibt es nur wenige Orte, an denen man so entrückt von der Welt einen Aperol Spritz genießen kann. Hier, mit einem lieben Menschen an seiner Seite, das Rauschen der Wellen im Ohr und den Blick auf die dahingleitenden Segelboote gerichtet, könnte getrost die Zeit stehen bleiben.

Geöffnet ist von März bis November, an den Sommerwochenenden kann auch mal reger Betrieb herrschen; dann am besten vorab einen Tisch reservieren.

Wer vor oder nach dem Inselbesuch die Gegend auf dem Festland erkunden möchte, kann entlang des Haveluferwegs Richtung Norden bis zum Grunewaldturm marschieren, seine 204 Treppenstufen erklimmen und oben angekommen den sensationellen Panoramablick genießen.

ABSCHALTEN
UND AUFTANKEN
FLOAT BERLIN MITTE

Hausvogteiplatz 11, 10117 Berlin
float-berlin.de
ÖPNV: Haltestelle Hausvogteiplatz

In einem Hinterhof am Hausvogteiplatz, nur ein paar Minuten vom Gendarmenmarkt entfernt, öffnet sich die Tür zu einem interessanten Entspannungsexperiment. Der Empfangsraum ist hell und ganz in Weiß gestaltet, kein Chichi, wenig Außenreize – das Runterfahren beginnt quasi schon im Vorraum. Die Floating-Suite selbst ist schwarz gekachelt, das Licht gedämmt und das offene Becken frisch mit einem Solebad gefüllt. Wasser und Raum sind weder kalt noch warm, sondern genau auf Körpertemperatur abgestimmt.

Erfunden wurde das Floaten in den 1950er-Jahren von dem US-amerikanischen Neurophysiologen John Lilly, der am National Institute of Health einen »Float Tank« entwickelte.»To float« heißt übersetzt »schweben« und beschreibt den schwerelos-meditativen Zustand, der hier erreicht werden soll. Wie im Toten Meer werdet ihr vom Salzwasser getragen und könnt nun theoretisch sofort entspannen – was praktisch allerdings selten sofort gelingt. Aber mit 60 Minuten »Schwebezeit« habt ihr ja keine Eile. Wichtig ist, ganz bewusst Stille einkehren zu lassen, außen wie innen. Und dass – auch wenn ihr manchmal aufeinander zudriftet – jede:r mit der Aufmerksamkeit bei sich bleibt. Irgendwann kommt er dann von ganz allein, dieser Punkt, an dem ihr völlig loslasst, Zeit und Raum vergesst und vielleicht sogar fast eindöst ... bis das Licht euch aus der Tiefenentspannung zurückholt.

Da eure Muskeln nun richtig schön entspannt sind, ist eine Paarmassage im Anschluss eine gute Idee. Gänzlich gelockert schwebt ihr danach zurück in die Mitte der Stadt.

SIGHTSEEING IM SITZEN

7-SEEN-RUNDFAHRT

Schiffsanlegestelle Wannsee, 14109 Berlin
www.reederei-triebler.de
ÖPNV: Haltestelle Wannsee

Die Sonne scheint und ein leichtes Lüftchen weht – ideale Voraussetzung für eine Dampferfahrt mit der Großtante. Unser Schiff heißt »Havelland« und legt um 12:15 Uhr ab, direkt am Wannsee, Brücke D. Wir machen es uns an Deck bequem und werden vom Kapitän begrüßt, der uns die nächsten 1,5 Stunden mit Berliner Schnauze über sieben Havelseen leiten wird.

Zunächst überqueren wir den Großen Wannsee, auf dem ganz schön was los ist: Überall Segelboote und Stand-up-Paddles, Jugendliche auf Partybooten winken uns zu. Wir winken zurück, Tantchen bestellt einen »Kalten Engel« – eine Kugel Vanilleeis mit Orangensaft und Sahne –, ich ein Cornetto Haselnuss. Es schmeckt nach Teenagertagen im Schwimmbad.

Nördlich des Strandbads Wannsee erhaschen wir einen Blick auf den hoch hinaufragenden Grunewaldturm und die Ruinen der Abhörstation auf dem Teufelsberg; kaum richten wir den Blick gen Süden, taucht auch schon die Pfaueninsel auf. Der preußische König Friedrich Wilhelm II., vom Volk auch »dicker Lüderjahn« genannt, bevölkerte sie mit den schön schillernden Tieren und ließ 1794 ein Lustschloss errichten. Aus der Ferne wirkt es märchenhaft – wenn man davorsteht, entpuppt sich die Fassade jedoch als hölzern, weiß unser Kapitän: »Wer's nich globt, soll ma druffkloppen.« Die Pfaueninsel gehört zu einer Reihe von Schlössern und Parks in Potsdam und Berlin, die zum UNESCO Welterbe zählen und auf der Tour vom Wasser aus bewun-

dert werden können. Vis-à-vis thront die russisch anmutende Kirche St. Peter und Paul auf Nikolskoe, die Friedrich Wilhelm III., Gatte der berühmten Königin Luise, 1834–1837 für die Bewohner:innen der Pfaueninsel errichten ließ. Auf der gegenüberliegenden Seite taucht ein

 weiteres Postkartenmotiv auf: die malerisch am Havelufer gelegene Sacrower Heilandskirche mit ihrem frei stehenden Glockenturm. Im geteilten Deutschland verlief direkt hinter ihr die Mauer; bis zur Wende stand sie im Niemandsland. Wir schippern weiter über den Jungfernsee und sehen in der Ferne Schloss Cecilienhof, wo nach der Kapitulation 1945 die Potsdamer Konferenz stattgefunden hat. Bevor wir in die Glienicker Lake einbiegen, passieren wir das von Karl Friedrich Schinkel 1824 nach italienischem Vorbild gestaltete Casino Glienicke und unterqueren einen weiteren historischen Ort: die Glienicker Brücke, auf der während des Kalten Krieges Agenten zwischen Ost und West ausgetauscht wurden. An den zwei unterschiedlichen Grüntönen des Brückengeländers lässt sich bis heute die Teilung deutlich »ablesen«.

Auf Potsdamer Seite begrüßt uns Schloss Babelsberg, Sommersitz von Kaiser Wilhelm I., auf der Berliner Seite erobert kurz darauf das Jagdschloss Glienicke unsere Aufmerksamkeit. Hier nimmt die Schlösserschau ein Ende, und wir tuckern weiter über den Griebnitzsee und beobachten mäandernde Mähroboter in den Villengärten zu beiden Seiten des Ufers, während unsere Tischnachbarn rätseln, welches Anwesen denn nun welchem prominenten Potsdamer gehört. Über den Griebnitzkanal gelangen wir nahtlos zu Stölpchensee, Pohlesee und Kleinem Wannsee und wieder zurück zum Hauptanleger. Bei einer Portion Pommes bei »Loretta am Wannsee« planen wir gleich den nächsten Ausflug, rüber nach Potsdam.

BADEN WIE IM ALTEN ROM

Ein wahres Schmuckstück unter den Berliner Schwimm-
hallen ist das historische Stadtbad Neukölln; schon bei
seiner Eröffnung 1914 zählte es zu den schönsten Bädern
Europas, begeisterte Stimmen sprachen gar von einer
»Kathedrale des Badevergnügens«. Trotz der optischen
Pracht – mit seinen Säulengängen, der Kuppel und den
kunstvollen Mosaiken erinnert es an antike römische
Thermen – war es von Beginn an ein Volksbad. Wenn
auch ihr gern einmal eure Runden in einer prächtigen
Kulisse drehen möchtet – voilà. Es gibt zwei separate
Schwimmhallen; die große mit einem 25-Meter-Becken
war für die Männer gedacht, die kleinere mit einem
19-Meter-Becken für die Frauen. Heute schwimmen
alle zusammen; nur montags nicht, da ist Frauentag.
Nach dem Sport könnt ihr noch gemeinsam in einer
der Saunen – es gibt unter anderem eine Kräutersauna, ein Sanarium und ein Caldarium – schwitzen
und entspannen.

➤➤ www.berlinerbaeder.de

TIPP

INSTAGRAM
#LIEBLINGSMENSCHENUNTERWEGS

IHR ENTDECKT MIT DIESEM BUCH EURE STADT NEU?
DANN VERLINKT EUCH UND EUREN LIEBLINGSMENSCHEN
AUF INSTAGRAM:

#LIEBLINGSMENSCHENUNTERWEGS
#LIEBLINGSMENSCHENBERLIN

MIT DEM LIEBLINGSMENSCHEN

*Zusammen
kreativ werden*

GEMEINSAME SEIFE MACHEN
ERICA NATURKOSMETIK

Weserstraße 191, 12045 Berlin
www.erica-naturkosmetik.com
ÖPNV: Haltestelle Rathaus Neukölln

In Sachen Nachhaltigkeit ist die Neuköllner Weserstraße ganz vorne mit dabei: Immer mehr inhaber:innengeführte Läden und Cafés bieten ökologische, regionale oder faire Produkte an und versuchen, die Zero-Waste-Philosophie zu leben. »Seife statt Plastik« hat sich auch Antje Thoms auf die Fahnen geschrieben; seit 2017 betreibt sie mit viel Herzblut den schönen Shop »Erica«.

Die Geschäftsidee kam nicht von irgendwoher: Antjes Mutter hat schon seit Jahren eine Seifenmanufaktur in Mecklenburg-Vorpommern. Nun gibt es Mamas handgemachte Seife – vom Stück geschnitten oder einzeln verpackt – im Laden der Tochter. Von Oma Erica, die die Anfänge des kleinen Familienunternehmens noch erlebt hat, stammt der Name; ihr Porträt hängt im Laden, sodass auch sie immer irgendwie mitmischt.

Neben einer feinen Auswahl an Naturkosmetik – ehrliche Beratung und Ausprobiermöglichkeiten gibt's inklusive – bietet Antje auch ein Seifen-Selbermachen-Workshop exklusiv für zwei an. Unter fachfraulicher Aufsicht kreiert ihr eure ganz eigenen Seifen; sie entstehen im sogenannten Kaltrührprozess, bei dem verschiedene Öle – feste und flüssige Fette – synchron mit Wasser und Lauge angerührt werden. Der Seifenmasse könnt ihr dann nach Belieben getrocknete Kräuter oder Blüten zugeben, bevor ihr sie in eine Form leert und 24 Stunden »schlafen« lasst. Am nächsten Tag wird euer Werk ausgeformt, und nach etwa vier Wochen Reifezeit ist es endlich einsatzbereit – und in Zeiten des großen Händewaschens auch ein durchaus sinnvolles Geschenk für einen Lieblingsmenschen!

EUER EIGENES SCHNÄPSCHEN BRENNEN

DEUTSCHE SPIRITUOSEN MANUFAKTUR

Georg-Knorr-Straße 4, 12681 Berlin

d-s-m.com

ÖPNV: Haltestelle Marzahn, Gewerbepark Georg Knorr

»Möchte jemand noch 'nen Willi?«, wird nach einem üppigen Mahl gern mal in die Runde gefragt. Gemeint ist natürlich der altehrwürdige Birnenschnaps, der einen Stammplatz in jeder gut sortierten Hausbar hat. »Noch 'nen Konfettibusch?« hingegen bekommt man eher selten zu hören. Kein Wunder, handelt es sich doch um eine recht neue Kreation aus Südafrikanischem Weißen Konfettibusch – made in Marzahn! Seit 2017 wird hier in einem denkmalgeschützen Fabrikgebäude mit außergewöhnlichen Geschmackserlebnissen experimentiert. Ob Sizilianische Mandarine, Moldauische Walnuss oder Deutsches Herbstlaub – die Brände, Geiste und Liköre der Deutschen Spirituosen Manufaktur sind ganz schön en vogue.

Wer einen Blick hinter die Brennerei-Kulissen werfen möchte, kann dies bei der freitäglichen Führung durch die Produktionsstätte tun, inklusive anschließender Verkostung. Und warum nicht noch einen Schritt weitergehen und selbst einen Geist oder Gin herstellen? Ein Workshop vor Ort macht's möglich. In einer Art Grundkurs wird euch das elementare Know-how des Destillierens vermittelt: Wie bereitet man die Rohstoffe auf? Was ist der Unterschied zwischen Mazerieren und Maischen? Wie destilliere ich am schonendsten und wie funktioniert das mit der Trinkstärke? Sind alle Fragen geklärt, wird zur Tat geschritten: Unter fachkundiger Anleitung brennt ihr zu zweit auf einer kleinen Kupferdestille euer ganz eigenes Schnäpschen, das dann, stilecht abgefüllt in einer schönen Apothekerflasche, den Weg in eure Hausbar findet. Prösterchen!

EINEN BESONDEREN
KOCHKURS BESUCHEN

ATELIER CULINÁRIO

Kyffhäuserstraße 21, 10781 Berlin
sabinehueck.de
ÖPNV: Haltestelle Nollendorfplatz oder Viktoria-Luise-Platz

Mit Sabine Hueck kochen, das ist ein bisschen so, als würde man in der Küche einer weitgereisten Freundin gemeinsam ein Mahl für neue Freunde vorbereiten. In ihrem Schöneberger Atelier Culinário ist alles bunt und geschmackvoll zusammengewürfelt, in jedem Topf scheint eine Geschichte zu stecken.

Die im kulinarischen Schmelztiegel São Paulo aufgewachsene Köchin wurde schon als kleines Mädchen von der Oma – einer Schauspielerin aus Köpenick, die in Brasilien eine deutsche Konditorei betrieb – in die Kunst des Backens eingewiesen; durch den Opa, einen Botaniker, lernte sie die Welt der Pflanzen und Kräuter kennen und lieben. All diese Einflüsse haben Sabine Huecks Fusionsküche geformt, die sie gut gelaunt und mit viel Leidenschaft in ihren Kochkursen weitergibt. Gekocht wird ein mehrgängiges Menü nach ihren Lieblingsrezepten, während im Hintergrund dezenter Bossa Nova läuft. Nach der Zubereitung kommt das Anrichten – das Auge isst ja schließlich mit! – und auch da gibt es kreative Tipps für die Teilnehmer:innen. Zum krönenden Abschluss wird alles gemeinsam am großen Tisch verzehrt, die Käsebällchen »Pão de Queijo« , der Fischeintopf »Moqueca de Peixe« und die vegane »Tonka Mousse« zum sobremesa.

Zur Atelier-Culinário-Familie gehören noch weitere internationale Köchinnen und Köche, deren kulinarische Reisen von Marokko, über Iran und den Sudan weiter bis nach Mexiko und Japan führen. Wer einen feinschmeckenden Lieblingsmenschen einen Tag lang in einen köstlichen Kosmos entführen möchte – das ist die Gelegenheit.

DIE KUNST
DES KOKETTIERENS LERNEN
BERLIN BURLESQUE ACADEMY

Greifenhagener Straße 64, 10437 Berlin
berlin-burlesque-academy.com
ÖPNV: Haltestelle Milastraße oder Schönhauser Allee

Träumst du manchmal davon, wie Dita von Teese in einem überdimensionalen Champagnerglas zu baden? Dann ist die Zeit definitiv reif für einen burlesken Schnupperkurs mit der Busenfreundin. In ihrer Berliner Boutique Tanzschule zeigt euch Burlesque-Queen Marlene von Steenvag, wie ihr gekonnt die Hüllen fallen lasst. Mit großem Spaß unterrichten sie und Kollegin Arden Delacour so verrückte Sachen wie Shimmy & Shake, Bump'n'Grind und Tassel Twirling – allesamt Klassiker der American Burlesque, die in den 1930er Jahren in kleinen US-Varietés zelebriert wurde und seit einigen Jahren ein weltweites Revival feiert. So viel sei verraten: Brüste und Po werden dabei ordentlich geschüttelt, was supersexy und zugleich irre komisch sein kann. Womit wir beim zentralen Punkt der Burlesque wären: die Persönlichkeit. Ausstrahlung und Humor sind das Ah! und Oh! der Show. Dazu braucht es keinen makellosen Körper, alle weiblichen Formen sind willkommen.

Habt ihr dies verinnerlicht und etwaige Hemmungen aus dem Weg geräumt, ist der Weg frei für einen glamourösen Handschuh-Striptease oder den erotischen Tanz mit Riesenfächer. Und wer weiß – vielleicht werdet ihr ja sogar Bachelorettes of Burlesque? Nichts ist unmöglich. Für welchen Workshop ihr euch auch entscheidet, eines steht fest: Ihr werdet eure Schokoladenseiten entdecken, und ein schönes Körpergefühl gibt's als Schlagsahne obendrauf.

SCHNÄPPCHEN JAGEN ODER SELBST ANBIETEN
BERLINER FLOHMÄRKTE

www.flowmarkt.de
www.flohmarktimmauerpark.de
www.rawflohmarkt.de
burdack-maerkte.de
www.berlin-flohmaerkte.de

»Acht Euro.« – »Für fünf?« – »Sagen wir sechs.« – »Okay.« Für wasch-echte Vintage-Lover gehört das Feilschen zum Sonntag wie für andere der Tatort. Mit über 30 Flohmärkten ist Berlin ein wahres Trödel-Mek-ka und die Entscheidung fällt manchmal nicht leicht: Geht es heute auf den Nowkoelln oder lieber zum Schoeneboerg Flowmarkt? Auf das RAW-Gelände in Friedrichshain, zum Schöneberger Rathaus, Mau-erpark oder Fehrbelliner Platz? Alle Märkte sind so unterschiedlich wie die Kieze, in denen sie stattfinden, und jeder hat seinen ganz eigenen Charme. Wohlüberlegt will auch sein, mit wem man sich in das Vergnügen stürzt. Denn mit einem Menschen an der Seite, der Vintage und Wühlen genauso liebt wie man selbst, bereitet jedes gefundene Schnäppchen doppelt Freude – und vier geschulte Augen sehen mehr als zwei!

Aber warum nicht mal die Seiten wechseln und gemeinsam auf dem Flohmarkt verkaufen? Das macht zum einen eine Menge Spaß und ist zum anderen ein prima Anlass, mal ordentlich zu entrümpeln. Sind Bücherregal und Kleiderschrank nicht vollgestopft bis obenhin? Und stolpert ihr im Keller nicht immer über die Kartons mit Tante Lieschens Geschirr und Opa Emils Eisenbahnsammlung? Voilà. Ist der Entschluss erst mal gefasst, entwickeln sich die einen zu wahren Marie-Kondo-Kopien, während andere Schwierigkeiten haben, sich von Dingen zu lösen. An diesem Punkt beginnt das Trödel-Teamwork:

Pragmatische Kommentare wie »Das ziehst du doch eh nie wieder an« oder »Drei Paar Pumps reichen nun wirklich« können beim Aussortieren durchaus hilfreich sein.

Habt ihr einen gemeinsamen Termin gefunden, könnt ihr entweder telefonisch oder direkt vor Ort auf eurem Wunsch-Flohmarkt einen Stand mieten, genaue Informationen stehen in der Regel auf der Website des Anbieters. Die meisten überdachten Buden kosten im Schnitt

15 Euro pro Meter. Günstiger und flexibler, aber auch unbequemer – man ist weder vor der Sonne noch vor Regen geschützt – ist die Tapeziertisch-Variante.

Und dann ist er da, der große Tag, und es heißt früh aufstehen, das Auto beladen und los geht's! Vor Ort werden erst mal die Kleiderstangen aufgebaut, Kartons ausgeräumt und Deko-Konzepte entwickelt, bis euch irgendwann das Zeitgefühl abhanden und ihr in den Flohmarkt-Flow kommt. Es wird gefeilscht, was das Zeug hält, und immer wieder Kleingeld abgezählt; manchmal drängt sich eine Menschentraube vor eurem Stand und der Rubel rollt, dann wieder beobachtet ihr einfach nur die Vorbeischlendernden; vom Nachbarstand dringt die obligatorische Das-hab-ich-mir-mal-in-New-York-gekauft-Geschichte zu euch durch. Und natürlich möchtet ihr zwischendurch auch selbst eine Runde drehen und schauen, was die Konkurrenz so anbietet (und um möglicherweise selbst nach ein paar Schnäppchen Ausschau zu halten).

Später, am Ende dieses langen Tages, wenn ihr erschöpft, aber glücklich zusammen am Küchentisch sitzt, eure Einnahmen zählt und den Flohmarkt Revue passieren lasst, wird es diesen Moment der Verbundenheit geben, wie nach einem gemeinsam bestandenen Abenteuer. Und wer weiß – vielleicht investiert ihr das gerade eingenommene Geld ja gleich in den nächsten gemeinsamen Ausflug?

CHECKLISTE FLOHMARKT

Well organized!
➤➤ Transportiert eure gesammelten Kostbarkeiten am besten in Bananenkisten aus dem Supermarkt, die sind stabil, handlich und stapelbar.
➤➤ Wer Porzellan anbietet: Zeitungspapier und Tüten sind beim Verkauf ein Pluspunkt.
➤➤ Frischluft macht Appetit: Mitgebrachter Kaffee, Kuchen oder Quiche ersparen euch das Anstehen an den Foodständen.
➤➤ Falls Regen gemeldet ist: Abdeckfolie nicht vergessen.

Money, Money, Money
➤➤ Die Sachen bloß nicht auspreisen, das ist witzlos! Ausnahme: 1-Euro-Kisten erfreuen sich großer Beliebtheit.
➤➤ Verlangt immer ein paar Euro mehr als euren Wunschpreis, damit ihr euch ganz schmerzfrei runterhandeln lassen könnt.
➤➤ Einnahmen lieber in der Bauchtasche statt in einer Kasse verstauen.
➤➤ Etwas Wechselgeld einstecken.

Richtig in Szene setzen
➤➤ Ein, zwei gut platzierte Eyecatcher – eine knallgelbe Ukule etwa oder eine schicke Disco-Barbie – locken Kundschaft an.
➤➤ Den Stand nicht zu sehr überfrachten, besser peu à peu Ware nachlegen.
➤➤ Unbedingt Schnur und Wäscheklammern zum Dekorieren mit einpacken.

TIPP

GEGEN DIE ZEIT WETTLAUFEN
ALICE IM SMARTLAND

Nöldnerstraße 1, 10317 Berlin
www.smartroom-berlin.com
ÖPNV: Haltestelle Rummelsburg

Live Escape Rooms sind grundsätzlich dunkel und gruselig? Nicht unbedingt: Der Raum, um den es hier geht, ist hell und märchenhaft nach Motiven aus »Alice im Wunderland« gestaltet. Ihr erinnert euch doch an das kleine Mädchen, das einem sprechenden weißen Kaninchen an einen bizarren Ort folgt, immer wieder zu den unpassendsten Gelegenheiten wächst und schrumpft, auf eine Herzogin mit Grinsekatze trifft, mit dem verrückten Hutmacher Tee trinkt und Croquet mit einem Flamingo als Schläger spielt?

Ähnlich kunterbunt und skurril geht es beim Exit Game »Alice im Smartland« zu. Sobald die Tür hinter euch zufällt, läuft die Uhr. Genau 60 Minuten habt ihr nun Zeit, um Alice wieder aufzuwecken – denn schließlich ist doch alles nur ein Traum, oder? Um ans Ziel zu kommen, müsst ihr gemeinsam Rätsel lösen, Dinge anders denken, ja, geradezu auf den Kopf stellen, kreative Lösungen finden und vielleicht sogar Unmögliches möglich machen. Je mehr ihr Hand in Hand ›arbeitet‹, desto schneller kommt ihr voran – eine spielerische teambildende Maßnahme sozusagen. Hierher entführt ihr am besten einen oder mehrere Lieblingsmenschen, die offen für Neues sind, Spaß am Spielen haben und kreativ um die Ecke denken können. Das Gründerpaar Evgenia und Evgeny Falkenstern hat alle Escape Rooms selbst entwickelt und eingerichtet. Auf zwei Etagen könnt ihr noch acht weitere Abenteuer zu zweit bestehen: einen blutdruckhebenden Bankraub etwa, eine abgedrehte Fahrt im Raumschiff oder gar die nachhaltige »Mission Zukunft«.

EIN BISSCHEN DRUCK MACHEN

SUPALIFE KIOSK

Raumerstraße 40, 10437 Berlin
www.supalife.de
ÖPNV: Haltestelle Raumerstraße oder Eberswalder Straße

»Alles so schön bunt hier«, denken wohl viele beim erstmaligen Betreten des Supalife Kiosk. Das sogenannte »Kiosk« ist das Knallbonbon unter den Berliner Galerien und Anlaufstelle Nummer eins für Fans der Siebdruck-Kunst. Gleich um die Ecke des Helmholtzplatzes werden hier seit 2004 Werke der siebenden Zunft wie etwa Daniel Haskett, Studio Miammmiam oder Adeline Meilliez ausgestellt und verkauft. Immer

wieder sonntags wird im Hinterzimmer aber auch der Nachwuchs gefördert, sprich: Hier könnt ihr im Rahmen eines Workshops ein Bild mit euren eigenen Händen drucken. Dieses Wunder geschieht unter den Fittichen von Michael Zander – und der weiß, was er tut, ist er doch Illustrator und veredelt unter anderem Artikel der taz, des Emotion-Magazins oder des Handelsblatts.

In einer Einführung lernt ihr zunächst alle Arbeitsschritte in der Theorie kennen. Der Siebdruck ist ein Druckverfahren, bei dem die Farbe mit einem Gummirakel durch ein feinmaschiges Gewebe hindurch auf das Papier oder den Stoff gedruckt wird. Im Workshop lernt ihr, wie ihr mit schicken Schablonen ein- oder mehrfarbige Siebdrucke auf Papier herstellt. Für den Praxisteil zieht ihr dann sicherheitshalber ein mitgebrachtes altes Hemd über und lasst eurer Kreativität freien Lauf. Da die Teilnehmer:innenzahl auf vier begrenzt ist, bleibt genügend Zeit und Raum für eure Fragen, und bei Bedarf bekommt ihr Hilfestellung vom Profi. Ganz wichtig: einen Föhn mitbringen, um das Trocknen der Drucke zu beschleunigen. Dann könnt ihr sie signieren und euch zu Hause stolz wie Bolle an die Wand hängen.

EINEN BARISTA-KURS BESUCHEN
RÖSTSTÄTTE BERLIN

Ackerstraße 173, 10115 Berlin
www.roeststaette.com
ÖPNV: Haltestelle Rosenthaler Platz

Ein sonniger Spätsommertag in Mitte. Es duftet schon ein bisschen nach Herbst – und nach frisch gemahlenen Kaffeebohnen. Wie in Italien, hätte man früher gesagt. Zum Glück hat sich die Kunst des Kaffeekochens aber auch in der Hauptstadt etabliert; in der Röststätte beispielsweise wird seit über zehn Jahren ein Eins-a-Cappuccino serviert. Einer mit einem Herz auf der aufgeschäumten Milch. Apropos: Wie bekommt man das eigentlich so schön hin? Und überhaupt, warum schmeckt der Latte woanders oft nur so mittel? Und was ist denn nun der Unterschied zwischen Arabica und Robusta?

Eine Antwort auf all diese Fragen hat Nicole Battefeld. Die mehrfach ausgezeichnete Coffee-Queen – u. a. ist sie Deutsche Barista Meisterin 2018 – gibt ihr Wissen in der Röststätte Barista Academy weiter; in einem Einsteigerseminar etwa vermittelt sie unterhaltsam das Kaffee-Einmaleins von A wie Anbau bis Z wie Zubereitung. Und natürlich auch, wie eine Siebträgermaschine zu bedienen ist und man den perfekten Espresso-Shot zieht. Ausprobieren inklusive! Wer seinen Kaffee lieber old school beziehungsweise voll im Trend kocht, lernt im Workshop »Filterkaffee brühen« die feinen Unterschiede zwischen Handfilter, AeroPress und Siphon kennen. Und das hübsche Herz auf dem Cappuccino? Dieses Rätsel wird, nebst Anleitung zum mustergültigen Milchschaum und anderen Kunststückchen, im »Latte Art«-Kurs gelöst. Warum sich also nur zum Kaffeetrinken verabreden, wo man doch gemeinsam einen Barista-Kurs machen kann?

NÄHEN UND NÄHEN LASSEN
NEUKÖLLNER STOFF

Am Maybachufer, 10967 Berlin
www.mv-perske.de/neukoellner-stoff.html
ÖPNV: Haltestelle Schönleinstraße

Meine Freundin Tine verbringt viel Zeit an der Nähmaschine. Ich hingegen bekomme schon beim Einfädeln einen Nervenzusammenbruch. Mit den Worten »Lass uns auf dem Stoffmarkt treffen, ich brauch neue Vorhänge. Und dir näh ich nen Rock, wenn du magst«, lockt sie mich ans Maybachufer, wo jeden Samstag von 11 bis 17 Uhr der »Neuköllner Stoff« stattfindet. Wir treffen uns bei Cicala am Kottbusser Damm zum rituellen Espresso und Cannolo. Hellwach überqueren wir die Straße, der Stofffang kann beginnen.

Auf dem »Markt der schönen Dinge«, wie er auch heißt, ist alles so wunderbar bunt und die Stimmung samstäglich entspannt. Rechter Hand bieten die Händlerinnen und Händler ihre Stoffe – Wolle und Viskose, Nicki und Cord, Baumwolle und Leinen – in allen erdenklichen Farben und Mustern feil. Vom prächtigen Blumenprint übers Totenkopf-Dessin bis hin zu kleinen Füchsen ist alles dabei. Dazu ein Meer an Knöpfen, Borten, Reißverschlüssen … ich höre Tines Herz höherschlagen.

Auf der Uferseite werden Textilien in Form von Haarbändern, Kimonos, Taschen und Teppichen angeboten. Und auch Kunsthandwerk, Schmuck und Vintage-Plakate – schöne Dinge eben. Im hinteren Bereich sammelt sich das kulinarische Angebot; wir ergattern eine Bierbank und mümmeln mit Blick auf den Landwehrkanal original nepalesische Momos. Bevor jede wieder ihrer Wege geht, hole ich meiner Freundin noch ein paar Pfingstrosen vom wunderschönen Blumenstand vor der Ankerklause. Für den Rock, den sie mir nähen wird.

BLÄTTER UND BLÜMCHEN RAHMEN
ANA GLASS DESIGN

Schreinerstraße 6, 10247 Berlin
www.anaglassdesign.de
ÖPNV: Haltestelle Samariterstraße

Früher war ich oft mit einer Freundin im Wald und habe Blätter gesammelt. Zu Hause wurden sie dann zwischen zwei Bogen Löschpapier in einem dicken Band der Grimm'schen Märchen gepresst und ein paar Tage getrocknet; einmal sollten wir sie in die Schule mitbringen, wo wir dann ein Herbarium bastelten.

An Kindheitserinnerungen wie diese könnt ihr bei einem DIY-Workshop mit der Glasdesignerin Ana Paula Borges Kitze kreativ anknüpfen. In ihrem Atelier in Friedrichshain gestaltet die gebürtige Brasilianerin mit den Teilnehmer:innen ganz persönliche Herbarien im Bilderrahmen. Dafür könnt ihr entweder eure selbst gepressten und getrockneten Lieblingsblumen mitbringen oder euch aus Anas farbenfrohem Fundus an Blüten und Blättern bedienen. Das Prozedere erfordert lediglich ein bisschen Geduld und Fingerspitzengefühl: Die botanischen Fundstücke werden zwischen zwei Glasscheiben platziert, die dann mit Kupferfolie umwickelt und zusammengelötet werden. Das Ergebnis ist wunderhübsch – und eine tolle Geschenkidee.

Ana ist mit Leidenschaft bei der Sache. Schon während ihres Studiums der Wirtschaftswissenschaften hat sie als kreativen Ausgleich Schmuck aus organischen Materialien gefertigt. Später entdeckte sie die Glaskunst und spezialisierte sich auf die Tiffany-Technik. Seit 2018 hat sie den Online-Shop »Ana Glass Design« mit gläsernen Kakteen-Gewächshäusern, Spiegeln, Mobiles – und gerahmten Gräsern, Blättern und Blumen. Aber die macht ihr am besten selbst, gemeinsam mit Ana.

GEMEINSAM
GEBLITZT WERDEN
PHOTOAUTOMAT

diverse Standorte
www.photoautomat.de

»Ah! Ich war noch gar nicht so weit!«, tönt es aus der Fotokabine, gefolgt von schallendem Gelächter. Begibt man sich mit einem Lieblingsmenschen in einen Berliner Photoautomaten, ist Folgendes zu beachten: Den Drehsitz auf die richtige Höhe bringen, so nah wie möglich zusammenrücken, drei Euro einwerfen, Grimasse schneiden, zuckersüß lächeln oder sich küssen – und zwar so lange, bis es blitzt. Dann schnell die Pose wechseln und das Spielchen noch dreimal wiederholen.

Als Ole Kretschmann und Asger Doenst 2003 zum ersten Mal gemeinsam in einer Retro-Fotomaschine in Zürich saßen, war sofort klar: Die brauchen wir auch in Berlin! Ein Jahr später stand das erste Exemplar am Rosenthaler Platz. Mittlerweile gibt es 30 Kabinen in Friedrichshain, Kreuzberg, Neukölln, Mitte, Charlottenburg und Prenzlauer Berg; alle werden noch immer von ihren Entdeckern gehegt und gepflegt.

Wie beim Polaroid dauert die Entwicklung etwa fünf Minuten, denn es passiert ja: analog. Etwas ungewohnt in digitalen Selfiezeiten, aber eben auch spannungssteigernd. Die vor 2000 Geborenen werden sich bei der Gelegenheit vielleicht an das tagelange, freudig erregte Warten auf ihre Urlaubsfotos erinnern. Und dann, endlich, wird der Fotostreifen mit vier Schwarz-Weiß-Bildern ausgespuckt. In der Regel rufen sie erst mal große Belustigung hervor; in spätestens ein paar Jahren aber werdet ihr sie lieben, diese kleinen Erinnerungsblitze an eine Freundschaft, eine Liebe, eine verrückte Zeit.

AUFRÜSCHEN WIE DIE PROFIS: KOSTÜMVERKAUF KOMISCHE OPER BERLIN

Ob »My Fair Lady« oder »Die Großherzogin von Gerolstein« – die Komische Oper Berlin ist bekannt für ihre prachtvollen Inszenierungen und pompöse Bühnengarderobe. Wenn einmal im Jahr der Fundus ausgemistet und zum Kostümverkauf geladen wird, schlägt die Stunde derer, die den großen Auftritt lieben. Opernfans und Verkleidungswütige können sich durch die Schätze vergangener Inszenierungen wühlen und das ein oder andere Schnäppchen machen. Vom paillettenbesetzten Abendkleid bis zum Ganzkörper-Tierkostüm ist für jeden Geschmack und jede Gelegenheit etwas dabei. Karneval wird in der Hauptstadt zwar klein geschrieben – aber wo, wenn nicht in Berlin, kann man sich jederzeit so richtig aufrüschen, mit und ohne Anlass?
Einen festen Termin für den Kostümverkauf gibt es nicht. Also Augen und Ohren offenhalten oder immer mal wieder bei der Komischen Oper vorbeisurfen.

➤➤ www.komische-oper-berlin.de

TIPP

MIT DEM LIEBLINGSMENSCHEN

Köstlichkeiten
teilen

SÜSSEN SCHNEE SCHLECKEN
TENZAN LAB

Wörther Straße 22, 10405 Berlin
www.instagram.com/tenzanlab
ÖPNV: Haltestelle Marienburger Straße oder Senefelder Platz

In der Hauptstadt gibt es gefühlt eine Million Eisdielen – kein Wunder, ist das sommerliche Bedürfnis nach der kühlen Nascherei bei der Berliner Bevölkerung doch sehr ausgeprägt. Ganz ähnlich verhält es sich in Tokio: Hier steht man für ein Wassereis namens Kakigōri Schlange. »Für ein Wassereis?«, mag sich der milcheisverwöhnte europäische Gaumen wundern. Doch wer einmal das frisch geschabte Eis – so heißt Kakigōri übersetzt – gekostet hat, versteht den Hype aus dem Land des Lächelns. Die japanische Eistradition gab es schon in der goldenen Heian-Zeit (794–1185); damals war die köstliche Erfrischung allerdings den Adelsfamilien zu Hofe vorbehalten. Erst im 19. Jahrhundert entwickelte sie sich zu einem populären Dessert.

In Berlin gibt es Kakigōri exklusiv im Eislabor Tenzan, was übersetzt »Himmelsberg« bedeutet. Den Gipfel des Genusses erklimmt ihr nach einer kleinen feinen Zubereitungszeremonie, die live und in Farbe vor euren Augen stattfindet. Mit einer traditionellen Maschine werden per Hand hauchzarte Flocken von einem großen, glasklaren Eisblock geschabt. Der so entstandene kleine Eisberg wird dann großzügig mit Matcha-Mascarpone, Tiramisu-Sirup oder Mangopüree übergossen und bei Bedarf mit Marshmallows, Mochi-Bällen oder der süßen Bohnenpaste Anko gekrönt.

Die instagramtaugliche Eisfantasie ist zwar nicht ganz günstig, aber man gönnt sie sich ja auch nicht alle Tage. Zudem lässt sich ein Ausflug mit der Lieblingsnaschkatze in den Prenzlauer Berg prima mit einem Bummel durch den Kollwitzkiez inklusive Abstecher zum beliebten Ökomarkt (jeden Donnerstag von 12–19 Uhr) verbinden.

SICH EINE BERLINER WEISSE GENEHMIGEN

SCHNEEEULE – SALON FÜR BERLINER BIERKULTUR

Ofener Straße 1, 13349 Berlin
www.schneeeule.berlin
ÖPNV: Haltestelle Rehberge

Im letzten Jahrzehnt haben sich vor allem in Friedrichshain-Kreuzberg einige kleine, unabhängige Brauereien mit der Produktion von Craft Beer etabliert; man kann von einem regelrechten Berliner Bier-Boom sprechen. Mitte des 19. Jahrhundert war die Hauptstadt schon einmal ganz vorne mit dabei in Sachen Hopfen & Malz und galt mit mehr als 120 Brauereien gar als Biermetropole. Unangefochtenes Lieblingsgetränk der Bevölkerung war damals die Berliner Weiße, deren Rezeptur mit den Hugenotten an die Spree gekommen und später, so will es die Legende, von Napoleons Truppen »Champagner des Nordens« getauft worden war. Konsumiert wurde das säuerlich prickelnde Weizenbier sowohl von der Arbeiterschicht als auch in eleganten Weißbiersalons. Und zwar immer: pur. Erst in den 1920er Jahren wurde Waldmeister- oder Himbeersirup beigemischt, und im Laufe des Jahrhunderts verstaubte die »Weiße mit Schuss« in einer Eckkneipen-Nische.

Bis ihr Braumeisterin Ulrike Genz wieder neues Leben beziehungsweise eine Hefe namens Brettanomyces und hie und da einen Hauch Ingwer, Chili oder Jasmin einhauchte. Seit 2016 produziert sie ihre Schneeeule-Biere auf traditionelle Weise in der eigenen Brauerei in Tegel. Und das ist auch gut so, denn »Berliner Weiße« darf sich nur nennen, was auch tatsächlich in der Hauptstadt hergestellt wurde. Die Sorten heißen Marlene, Dietrich oder Kennedy und können aus bauchigen Flaschen oder Kristallgläsern in ihrem Biersalon »Schneeeule« in Wedding genossen werden. Natürlich sirupfrei – aber gern mit Strippe. Und wer was ganz Feines möchte, probiere die »Alte«, eine Jahrgangsweiße mit schaumweinartiger Mousse.

DIE BESTEN SPLITTERBRÖTCHEN DER STADT FINDEN
BÄCKEREI BIESEWSKI

Pasteurstraße 32, 10407 Berlin
www.baeckerei-biesewski.de
ÖPNV: Haltestelle Arnswalder Platz

Als ich frisch nach Berlin gezogen war, landete ich gleich am ersten Tag in der Bäckerei Lau in der Pasteurstraße. Da lagen sie im Körbchen, klein und unscheinbar, und lachten mich frech an, diese Splitterbrötchen. Es war Liebe auf den ersten Biss. Andächtig knabberte ich Schicht für Schicht ab, bis ich bei der hefehimmlischen, buttrigweichen Krume angelangt war. Seitdem wird jeder Bummel durchs Bötzow-Viertel mit einem Abstecher an diesen Ort gekrönt, all meine Lieblingsmenschen habe ich hierhergeschleppt. Die Bäckerei trägt mittlerweile einen anderen Namen, aber die Rezeptur ist noch die gleiche. Bäckermeister Marco Biesewski ist noch bei seinem Vorgänger Lau in die Lehre gegangen und führt dessen Backtradition fort. Welch Glück!

Denn Splitterbrötchen ist nicht gleich Splitterbrötchen. Nach der Teilung Berlins haben sich in Ost und West unterschiedliche Backweisen etabliert, und das schmeckt man auch. Die in Ost-Berlin geborene Schriftstellerin Jenny Erpenbeck beispielsweise schreibt in ihrem Buch »Dinge, die verschwinden«, dass nur noch zwei Bäckereien in Mitte die Splitterbrötchen ihrer Kindheit herzustellen vermögen. Und auch ich finde mein zersplittertes Glück meist im Osten der Stadt. Aber der Westen holt auf: Hervorragende vegane Varianten gibt es in den Kreuzberger Beumer&Lutum-Filialen.

Eine aufgrund ihrer Größe durchaus beindruckende Variante des süßen Brötchens gibt es in der Bäckerei Hacker in Prenzlauer Berg. Davon werden locker zwei Lieblingsmenschen satt!

DEN FRÜHLING PFLÜCKEN
KRÄUTERSPAZIERGANG IM BOTANISCHEN VOLKSPARK

Blankenfelder Chaussee 5, 13159 Berlin
www.heilpraxisheckl.de
ÖPNV: Haltestelle Botanischer Volkspark oder Botanische Anlage

»Isst du das erste Gänseblümchen mit dem Mund, bleibst du das ganze Jahr über gesund«, zitiert die Heilpraktikerin und Wildkräuterexpertin Dorothea Heckl mit einem Lächeln. Und schon knien meine Mutter und ich auf der Wiese, beißen sanft die weißgelbe Blüte vom Stängel und wundern uns, wie köstlich das doch schmeckt. Es ist ein Sonntag im März und wir nehmen gemeinsam an Dorotheas Kräuterführung im Botanischen Volkspark Blankenfelde-Pankow teil. Der ideale Zeitpunkt, »weil jetzt besonders viele Vitamine aus dem Boden sprießen«. Unseren ersten Stopp machen wir beim sogenannten Pfennigsalat, auch Frühlingssalat oder Skorbutkraut genannt. Hier werden zum ersten Mal die Taschenmesser gezückt, das »pure Vitamin C« abgeschnitten und in die mitgebrachten Körbchen verfrachtet. Auch der giftige Aronstab wird uns gleich zu Beginn warnend »vorgestellt« und ausführlich beleuchtet.

Immer weiter hinein in den Volkspark geht es nun, bis sich das nächste Kräuterhighlight mit seinem knoblauchartigen Aroma quasi von selbst ankündigt: der Bärlauch. Von dem wunderbaren Wildgemüse ernten wir so viel, dass wir daraus eine ordentliche Portion Pesto machen können.

Am Waldrand stoßen wir dann auf den Giersch, das »Zipperleinkraut« mit krampflösender und entzündungshemmender Wirkung. Wie pflegte meine Oma zu sagen? »Gegen jedes Wehwehchen ist ein Kraut gewachsen.«

Und tatsächlich, auf der Wiese nebenan erwartet uns das nächste Wundermittel der Natur: die Schafgarbe, auch »Augenbraue der

Venus« genannt. Ihren botanischen Namen »Achillea« verdankt sie dem antiken griechischen Helden Achilles, der der Sage nach einen verwundeten Krieger damit heilte. Sie hat eine antibakterielle Wirkung und lindert, als Tee verabreicht, Magen-Darm-Beschwerden und

Frauenleiden. Und da, die Pimpernelle – auch »kleiner Wiesenknopf« genannt –, köstlicher Sauerampfer, wilder Schnittlauch, Brenn-, Gold- oder Taubnessel und kräftigender Löwenzahn, soweit das Auge reicht! Aus all diesen ersten Kräutern des Frühjahrs haben schon die Kelten eine grüne Frühlingssuppe gezaubert. Nach dem langen Winter sollte sie dem Körper beim Entschlacken helfen – heute nennt man es schlichtweg »Detox«. Und in der Tat haben die Frühlingskräuter eine reinigende und das Immunsystem stärkende Wirkung. Das hat sich Mutter Natur fein ausgedacht!

Nach der etwa dreistündigen Tour kehren wir noch im Café mint ein, das wunderschön ins mittlere Gewächshaus eingebettet ist und uns mit herrlichem Kaffeeduft empfängt. Er hält, was er verspricht: Der Cappuccino ist hervorragend, ebenso wie der Birnenkuchen. Und, Überraschung, es gibt sogar Scones mit clotted Cream und Erdbeermarmelade. Dazu noch einen Earl Grey mit Milch, und schon is(s)t man im britischen Cream-Tea-Himmel. Auch bei Tee und Gebäck ist die Natur Thema Nummer eins, Dorothea teilt ihr Wissen gern mit uns. Mehrmals im Jahr bietet sie Kräuterführungen wie diese an, die Termine findet ihr auf ihrer Website.

Wir verlassen den Park glücklich und geerdet, mit einem vollen Kräuterkorb, vielen Rezeptideen und neuen Erkenntnissen. Vor allem aber mit einem Heidenrespekt vor der Natur, die uns Menschen so reichlich beschenkt. Man muss es nur erkennen. Und öfter mal ihre Nähe suchen.

DIESER DUFT, DUFT, DUFT! BERLINER LAUCH

Wer schon mal im April oder Mai durch den Plänterwald gelaufen ist, kennt den intensiven Geruch des Wunderlauchs »Allium paradoxum«. Er stammt aus dem Kaukasus und wurde Mitte des 19. Jahrhunderts im Botanischen Garten (damals noch auf dem Gelände des heutigen Kleistparks) kultiviert. Da er sich rasch in Berlin und im Umland ausbreitete, wurde er kurzerhand auch »Berliner Lauch« oder »Berliner Bärlauch« genannt. Seine Blätter sind schmaler und er schmeckt etwas milder als der »normale« Bärlauch. Perfekt also für ein leckeres Pesto! Hierzu benötigt ihr folgende Zutaten:

➤➤ 125 g Berliner Lauch oder Bärlauch
➤➤ 150 ml Olivenöl
➤➤ 40 g geröstete Pinien- oder Sonnenblumenkerne
➤➤ 40 g frisch geriebener Parmesan oder Pecorino
➤➤ ein Spritzer Zitronensaft
➤➤ etwas Salz

Die Kräuter vorsichtig waschen, trocken tupfen und grob zerkleinern. Zusammen mit den Kernen, dem Olivenöl und Hartkäse pürieren, bis eine homogene grüne Masse entsteht. Mit Zitronensaft und Salz abschmecken, in kleine Gläser abfüllen und kühl aufbewahren. Megalecker zu Pasta oder als Brotaufstrich!

TIPP

SICH DURCH DIE KÜCHEN ASIENS FUTTERN
STREETFOOD IN DER KANTSTRASSE

ÖPNV: Haltestelle Savignyplatz oder Kantstraße/Leibnitzstraße

Westlich des Savignyplatzes erstreckt sich ein kleines Charlottenburger Chinatown: Neben traditioneller chinesischer Fußmassage, Asia-Supermärkten und Nagelstudios gibt es im »Aroma« auch echte kantonesische Küche mit viel gerühmten Dim Sum und einer exzellenten Wan-Tan-Suppe. Sämtliche weitere Küchen Asiens reihen sich auf der Kantstraße aneinander und machen sie somit zu einem Ort, an dem man unglaublich gut in kulinarischen Urlaubserinnerungen schwelgen kann.

Der unvergleichliche Duft von Anis und Zimt erinnert an Garküchen in weiter Ferne und lockt zu »Madame Ngo« in die Kantstraße Nr. 30. »Pho« steht in roten Großbuchstaben über dem Eingang; logisch, dass hier viele Varianten der traditionellen vietnamesischen Rindersuppe auf der Karte stehen. Ein Stückchen weiter gibt es bei »Lon-Men's Noodle House« leckere Nudelsuppen und Dumplings, auch als vegetarische Varianten. Da die taiwanesischen Teigwaren frisch zubereitet werden, sollte man etwas Wartezeit einplanen und sie sich mit einem Jasmintee versüßen. Köstliche koreanische Kimchi Bangs und Bibimbap bekommt ihr im Stehimbiss »Son Kitchen« durchs Fenster gereicht. Wer lieber in einen saftigen »Shiso Burger« beißen möchte, muss nur bis zur Ecke Kantstraße/Krumme Straße weiterlaufen.

Auf der anderen Straßenseite erfreut mit dem »Dao by Meo« eines der authentischsten Thai-Restaurants der Stadt euren Gaumen, etwa mit dem Papayasalat. Nur ein paar Schritte weiter is(s)t man schon in Japan: Das »893 Ryōtei« mag von außen nicht danach aussehen, aber innen geht es deliziös zu – allein das Tuna Tataki! Itadakimasu.

龍門牛肉麵

Lon Men's Noodle House

台灣風味

TAIWAN

URBAN ERNTEN
CAFÉ HIMMELBEET

Ruheplatzstraße 12, 13347 Berlin
www.himmelbeet.de/garten-café
ÖPNV: Leopoldplatz

»Einen Minztee, bitte.« Mit den Worten: »Gleich hier vorne auf dem Beet sind unsere Minzen. Pflück dir deine Lieblingssorte, ich mach schon mal das Wasser heiß«, reicht mir die freundliche Frau hinterm Holztresen ein leeres Glas. Ich bewege mich zum Beet, staune, wie viele verschiedene Minzsorten es gibt, und entscheide mich für eine Mischung aus Marokkanischer und Schokoladen-Minze.

Das »Vom-Beet-auf-den-Teller«-Prinzip gilt für fast alles, was in dem Low-Waste-Café verarbeitet wird: Salate, Kräuter, Blüten, Gemüse und sogar Austernpilze. Jeden Tag stehen vegetarisch-vegane Köstlichkeiten auf der Karte, und als Nachtisch gibt es eine ordentliche Portion Idealismus – wenn man sich nämlich mit dem Konzept des Projekts himmelbeet beschäftigt. Die Menschen hinter dem 2013 auf einer Brache im Wedding errichteten, 1700 Quadratmeter großen Gemeinschaftsgarten möchten »das gute Leben für alle«. Und zeigen, wie man durch faires, soziales und ökologisches Handeln die Welt ein bisschen besser machen kann. Wie etwa mit nachhaltiger Bauweise: Das Café wurde aus Europaletten und Stampflehm gebaut, ist also quasi 100 % recycelbar. 2015 gab's dafür den BDA-Preis Berlin, eine Auszeichnung vom Bund der Architekten für beispielgebende, besondere baukünstlerische Leistungen.

Aber zurück zum Garten: Hier könnt ihr neben Honig von himmelbeet-Bienen auch Salat und Kräuter nach dem Selbststerne-Prinzip erwerben. Und wen es im Sommer weniger nach frischem Minztee als nach einer kühlen Erfrischung dürstet, der probiere die hausgemachte Limonade mit Shiso und Gurke.

FEIERN OHNE REUE
ZEROLIQ BAR BERLIN

Boxhagener Straße 104, 10245 Berlin
www.zeroliq.com
ÖPNV: Boxhagener Platz

Mit dem Alkoholgenuss ist das ja so eine Sache. Wer keinen Zigarettenrauch mag, geht einfach in eine Nichtraucherkneipe. Was aber tun, wenn man mit einem tollen Menschen einen schönen Abend in schummrigen Bar-Ambiente verbringen möchte, ohne dabei Alkohol zu konsumieren? Im Allgemeinen fällt die Getränkeauswahl dann eher bescheiden aus, und es wird an einem Mineralwasser, »Mocktail« oder alkoholfreien Standardbier genippt. Nicht wirklich sexy.

Doch damit ist jetzt Schluss: Mit dem »Sober-Curious«-Trend aus New York hat eine neue Trinkkultur Einzug in die Hauptstadt oder vielmehr: nach Friedrichshain gehalten. Seit März 2020 kann man nahe des Boxhagener Platzes in Berlins erster Sober Bar Zeroliq – ein Wortspiel aus »zero« und »liquor« – mit Genuss, aber ohne Umdrehungen der neuen Lust am Nüchternsein frönen.

Die gemütliche Kneipe mit Holztheke, grünen Pflanzen, Vintage-Fotos und abstrakter Kunst an den Wänden lockt mit Drinks wie »Summer in Berlin« – einer Mixtur aus Apfelsaft, Limette, Minze, Ingwer, Ginger Ale und Zimt – oder dem leuchtend orangefarbenen »Carrot Cake«, einem Zusammenspiel von Karotten- und Zitronensaft, Haselnuss- und Vanillesirup plus alkoholfreiem Gin. Wer lieber pur genießt, kann sich zwischen mehr als zehn Sorten Craft Beer, Wein oder Sekt entscheiden. Alles natürlich alkoholfrei – und nicht etwa eine geschmackliche Notlösung, sondern eine runde, vollmundige Sache. Das Beste: Auch nach zwei, drei Drinks gibt es am nächsten Morgen kein böses Erwachen mit dickem Schädel.

BROTZEIT ZU ZWEIT
DIE STULLE

Carmerstraße 10, 10623 Berlin
www.die-stulle.com
ÖPNV: Haltestelle Savignyplatz

Ist man neu in der Hauptstadt, muss man vieles lernen – auch, was das kulinarische Vokabular angeht. Wer mit »Faschingskrapfen« oder »Berlinern« groß geworden ist, sollte in Berliner Bäckereien tunlichst einen »Pfannkuchen« verlangen. Was der Rest der Republik hingegen unter »Pfannkuchen« versteht, läuft hier unter »Eierkuchen«. Und wenn's mal schnell gehen muss, gibt's einfach »Stulle mit Brot«, was übersetzt schlicht »belegte Brote« bedeutet. Irgendwann packte dann jemand auf das Schinkenbrot noch ein Spiegelei, und der »Stramme Max« war geboren.

Dass es noch kreativer geht und daraus sogar ein ganzes Café-Konzept entstehen kann, beweist »Die Stulle« in Charlottenburg. In dem freundlich hellen Bistro gibt's die tollsten Hochstapler-Stullen der Stadt. Ein Beispiel: Auf dem gerösteten Nussbrot werden in Rote-Bete-Dressing marinierter Rucola, fein geschnittene Avocado, frisch geriebener Parmesan, zwei pochierte Biolandeier und hausgebeizter Lachs fein übereinandergeschichtet und mit schön scharfer Kresse garniert. Wer kleiner stapeln möchte, kann sich selbst eine Schnitte schmieren – mit hausgemachten Aufstrichen, Hummus, Ofengemüse, Ziegenfrischkäse oder Pistazien-Lyoner beispielsweise, alles regional, saisonal und bio. Und zum Abrunden unbedingt noch ein süßes Gebäck nach Omas Rezept probieren.

Das Stullen-Mekka liegt ganz nah am Savigny Platz – quasi ideal, um vor, während oder nach einem Einkaufsbummel mit der Freundin eine »Stullenbrotzeit für zwei« einzunehmen. Bei schönem Wetter am besten im Freien!

SICH IN DER LOBBY VERABREDEN
HOTEL ADLON KEMPINSKI BERLIN

Unter den Linden 77, 10117 Berlin
www.kempinski.com/adlon
ÖPNV: Haltestelle Brandenburger Tor

Über den roten Teppich, vorbei am Portier und beschwingt durch die Drehtür führt der Weg in die Welt des berühmten Hotels am Pariser Platz. Marmor, soweit das Auge reicht; durch die gläserne Kuppel fällt das Tageslicht auf den Elefantenbrunnen in der Mitte der Lobby. Das Original war ein Geschenk des Maharadschas von Patiala und plätscherte schon im historischen Adlon dekorativ vor sich hin. Dezente Klaviermusik begleitet den Afternoon Tea, bei dem man, natürlich möglichst unauffällig, das geschäftige Treiben um sich herum beobachten kann. Auf der Karte steht auch eine Currywurst deluxe. Anderenorts würde man dafür zwar vier Portionen bekommen – aber gewiss nicht mit Blattgold und Adlon-Ambiente.

Ein Luxushotel mit allen Schikanen sollte es werden, mitten in Berlin. Als der Hotelier Lorenz Adlon Kaiser Wilhelm II. in seinen Plan einweihte, war dieser sofort Feuer und Flamme; von preußischer Bescheidenheit hielt er nicht viel. Adlon investierte sagenhafte 20 Millionen Goldmark in seinen Traum, und am 23. Oktober 1907 eröffnete der Kaiser höchstpersönlich das Haus Unter den Linden. Oft war er selbst zu Gast, unter anderem, weil es ihm zu Hause wohl zu zugig war. »Kinder, geht doch ins Adlon, da ist es gemütlicher als bei mir im Schloss«, soll er seinen eigenen Gästen empfohlen haben. Das Adlon avancierte zur ersten Adresse für Staatsoberhäupter, Adel und Prominenz; getreu dem Motto »Adlon oblige«– »Adlon verpflichtet« – wurden hier auch die extravagantesten Wünsche erfüllt. Anita Berber,

die skandalöseste Nackttänzerin der Weimarer Republik, lebte hier mit Mann und Äffchen; Charlie Chaplin, der 1931 zum Kinostart von »Lichter der Großstadt« in Berlin war, soll vor dem Hotel von seinen Fans dermaßen euphorisch empfangen worden sein – sie gingen ihm wortwörtlich an die Wäsche –, dass er seine Hose mit beiden Händen festhalten musste, um durch die Lobby zum Fahrstuhl zu gelangen. Beim anschließenden Pressetermin flirtete Marlene Dietrich, damals am Beginn ihrer Hollywood-Karriere, medienwirksam mit dem Superstar des Stummfilms.

Im Zweiten Weltkrieg wurde das Hotel als Lazarett genutzt und brannte 1945 bis auf einen Flügel ab. Nach der Teilung Deutschlands

gehörte es zu Ost-Berlin – die Berliner Mauer verlief direkt hinter dem wenige Meter entfernten Brandenburger Tor – und wurde als Hotel, Restaurant und Lehrlingswohnheim genutzt, bis es schließlich 1984 ganz abgerissen wurde.

Dann die Wende: 1997 eröffnete der amtierende Bundespräsident Roman Herzog das nach dem alten Vorbild neu errichtete Adlon. Seitdem herrscht wieder reges Kommen und Gehen, Schlagzeilen inklusive: 2002 hielt Michael Jackson seinen kleinen Sohn über das Balkongeländer seines Hotelzimmers, was als »Baby-Baumeln von Berlin« weltweit durch die Medien ging. Weniger skandalös gestaltete sich 2008 Barack Obamas Besuch. Der damalige US-Präsidentschaftskandidat aß nach seiner Rede an der Siegessäule im Adlon zu Mittag. Vielleicht sogar eine Currywurst deluxe? Man wird es nie erfahren. 2010 schließlich kam es bei Dreharbeiten zum US-Thriller »Unknown Identity« mit Liam Neeson zur einer Riesenexplosion. Natürlich nicht in Echt – ihr könnt euch also ganz entspannt in die samtenen Sessel zurücklehnen und für ein Stündchen schön, reich und berühmt fühlen.

DIE LEGENDE DER BERLINER CURRYWURST

Etwa sechs Kilometer westlich des Adlon hatte Herta
Heuwer an einem verregneten Tag im Jahre 1949 nicht
viel zu tun in ihrer kleinen Charlottenburger Imbiss-
bude. Und so experimentierte sie ein bisschen herum,
mischte ein gewisses Pulver und andere Gewürze unter
das Ketchup und gab die frisch fabrizierte Soße über eine
in Stückchen geschnittene Wurst. Die »Spezial Curry-
Bratwurst« war geboren und die Kundschaft begeistert. Herta Heuwer ließ sich die Rezeptur patentieren,
expandierte und beschäftigte schon Mitte der 50er Jahre
zehn Mitarbeiterinnen. Etwa zur gleichen Zeit wurde
das Kompositum »Currywurst« in den Duden aufgenommen. Heute erinnert eine kleine Gedenktafel an der
Ecke Kantstraße/Kaiser-Friedrich-Straße an die Berliner
Unternehmerin, deren Erfindung so tief in Berlins kuli-
narischem Bewusstsein verankert ist.

TIPP

KUNST, KAFFEE UND KORNBLUMEN GENIESSEN

MUTTER FOURAGE

Chausseestraße 15a, 14109 Berlin
mutterfourage.de
ÖPNV: Haltestelle Rathaus Wannsee

Sobald man den kopfsteingepflasterten Hof betritt, weiß das Auge gar nicht, wohin es zuerst schauen soll. Zur Gärtnerei, der hübsch dekorierten Blumenhandlung, der Galerie – oder zur mit wildem Wein bewachsenen Scheune? Am besten lässt sich die Lage bei Cappuccino und Schoko-Karamel-Tarte im Hofcafé sondieren. Hübsch sitzt man hier, unter orangeroten Sonnenschirmen, zwischen blühenden Pflanzen in Terrakottatöpfen und Büsten der preußischen Königin Luise oder der üppigen kunststeinernen »Sphinx des 20. Jahrhunderts« von Ingeborg Hunzinger.

Dass hier einmal Kunst und Kuchen Einzug halten, hätte sich Wilhelm Hönicke sicherlich nicht träumen lassen, als er 1900 auf dem Hof des alten Gutshauses seine Mehl-, Fourage- und Kartoffelhandlung gründete. 1977 eröffnete sein Nachkomme Wolfgang Immenhausen, damals Schauspieler am Grips-Theater, mit anderen Kunstschaffenden einen ökologischen Futter- und Gartenhandel und nannte ihn in Anlehnung an Berthold Brechts berühmtes Schauspiel »Mutter Fourage«. Im Laufe der Jahre wurde die Scheune mit dem Zollingerdach zur Kulturbühne umfunktioniert; hier finden regelmäßig Lesungen und Konzerte statt; Galerie und Kunsthandel im alten Wagenschuppen sind spezialisiert auf Wannseeer Maler wie Philipp Franck und Max Liebermann, und im bereits 1989 gegründeten, schönen Naturkostladen findet sich gewiss das ein oder andere Mitbringsel.

Noch ein Wort zum Hofcafé: Damit der Ausflug mit der Mama oder Oma reibungslos und vielleicht sogar mit dem vielgerühmten Frühstück starten kann, sollte man am Vortag unbedingt einen Tisch reservieren.

KREUZBERGER MEZZE SCHNABULIEREN
MUNDVOLL CAFÉ, RESTAURANT & MANUFAKTUR

Waldemarstraße 48, 10997 Berlin
www.mundvoll-berlin.de
ÖPNV: Haltestelle Kottbusser Tor

Hier, wo in den 1970er und 1980er Jahren die Hausbesetzer:innneszene aktiv war, kann man heute bei ein paar Schälchen Mezze über die aktuelle Wohnsituation diskutieren – oder wie die Sonnenuhr an der schräg gegenüberliegenden Hauswand nur die heit'ren Stunden zählen und noch ein Gläschen türkischen Rosé bestellen.

Das »Mundvoll« gibt es schon lange. 2018 hat es die »Südblock«-Mitbegründerin Tülin Duman übernommen; den langen Lockdown hat sie dazu genutzt, dem alteingesessenen Restaurant einen neuen Anstrich zu verpassen und die Theke schön zu kacheln. Nun werden die Gäste von einer freundlichen und offenen Atmosphäre mit Blick ins Küchengeschehen empfangen; eine Holztreppe führt hoch zur Galerie, deren Wände Kiezfotografien vergangener Tage – Fundstücke aus dem Archiv des Kreuzberg-Museums – zieren.

Die Speisekarte umfasst sonnengeküsste Spezialitäten von Sizilien bis zur Südtürkei, die Caponata und der Artischockensalat lassen den Gaumen frohlocken. Für das besondere Etwas sorgen dabei Gewürze aus Antakya – dem antiken Antiochia –, wo die mediterrane und die levantinische Küche miteinander verschmelzen.

In direkter Nachbarschaft des Mundvoll ragen die markanten Türme des Bethanien hervor; jedes Jahr findet hier am 1. Mai das traditionelle Mariannenplatzfest statt, und im Sommer zeigt das Freiluftkino Kreuzberg gute bis sehr gute Filme – auch in OmU.

NAH AM WASSER SITZEN
ZENNER BIER- UND WEINGARTEN

Alt-Treptow 15-17, 12435 Berlin
www.zenner.berlin
ÖPNV: Haltestelle Alt-Treptow oder Treptower Park

»Haus Zenner« steht groß und goldgelb auf dem Dach des historischen Ausflugslokals zwischen Puschkinallee und Spree. Noch vor ein paar Jahren gab es hier einen Burger King, die Disco Eierschale und den traditionellen Tanztee; immer wieder sonntags wurde zu Schlagermusik auf der Terrasse geschwoft. 2019 war Schluss damit, das Gebäude stand seitdem leer. Welch Verschwendung – bei dieser Lage! Dachten sich auch die Clubbetreiber Tony Ettelt und Sebastian Heil – die Männer hinter der »Wilden Renate« und der »Else« in Friedrichshain – und nahmen sich der Sache an.

Seit Sommer 2021 weht also ein neuer Wind im Zenner. Im großen, lauschigen Biergarten findet man zu zweit garantiert ein Plätzchen in der Sonne oder unter schattenspendenden Linden, und die Aussicht auf Spree und Insel der Jugend entspannt das urbane Nervensystem recht schnell. Was will man mehr? Eine ordentliche Speisekarte natürlich. Und die klingt vielversprechend, auch für den vegetarischen Gaumen: Hausgemachte Spinat-Maultaschen, Fake Tuna Tatar oder eine Superfood Bowl mit Halloumi, Quinoa und Süßkartoffel. Aber auch das klassische Biergartengedeck mit Currywurst und Pommes ist zu haben. In Sachen Getränke sticht neben einer Neuauflage des Berliner Bürgerbräu Pils vor allem die ansehnliche Weinkarte hervor; wer richtig was zu Feiern hat, kann sich durchaus auch eine Flasche Champagner gönnen.

Im Hintergrund läuft angenehm dezent und doch stimmungshebend Jazz und Ambient statt Roland Kaiser, und das Publikum ist eine erfreulich heterogene »Berliner Mischung«. Seit ziemlich genau 200

Jahren kommen die Menschen ins Zenner, um den Alltag hinter sich zu lassen. In den 1930er Jahren wurde es gar »Sanssouci des Ostens« genannt, und betuchte Berliner:innen wirbelten durch den wunderschönen Ballsaal. Im Zweiten Weltkrieg wurde das Etablissement

zerstört, 1954/55 nach Plänen von Hermann Henselmann, aus dessen Feder auch der Fernsehturm stammt, wiederaufgebaut und erfreute sich auch zu DDR-Zeiten großer Beliebtheit. Das damalige 50er-Jahre-Dekor wird nun wieder freigelegt oder originalgetreu nachempfunden. Der historische Saal des Haupthauses schreit förmlich nach großen Feierlichkeiten; in absehbarer Zukunft wird hier wieder ein Kulturort für Konzerte, Lesungen und Festivals entstehen.

Den Nachtisch gibt es im Turmhaus rechts neben dem Bier- und Weingarten; hier ist eine weitere Eisdiele der Manufaktur Rosa Canina eingezogen. Wer die Standorte in Prenzlauer Berg, Mitte oder der Markthalle Neun kennt, weiß, wie unfassbar lecker das Bioeis und -sorbet ist. Neben Klassikern wie Zitrone und Haselnuss gibt es auch neue und uneingeschränkt himmlische Kreationen wie Mango Lassi, Apfelmus mit Zimt oder Butterkaramell mit Steinsalz.

Nach einem Besuch bei Zenner gibt es zig Möglichkeiten, wie der Tag weitergehen kann; immer an der Spree entlang mit einem Abstecher zur Insel der Jugend oder, je nach Alter und Präferenz des Lieblingsmenschen, auf den Weltspielplatz. Oder aber zur Archenhold Sternwarte – die Besichtigung der Dauerausstellung ist kostenfrei – und weiter hinein in den Treptower Park, zum schönen Karpfenteich und dem Sowjetischen Ehrenmal. Über den Rosengarten gelangt man zur S-Bahn-Station Treptower Park und von da wieder ins pulsierende Stadtleben.

IM HIMMEL ÜBER BERLIN: DREI RICHTIG GUTE ROOFTOP BARS

Die »Monkey Bar« auf dem 25hours Hotel ist der ideale Spot für einen Feierabenddrink: Der atemberaubende Blick über die City West und das Affengehege des Berliner Zoos löst den Bürostress sofort in Luft auf. Darauf einen Mad Monkey Mai Tai!
➥ www.monkeybarberlin.de

Verknallte Vögelchen nisten sich am besten auf dem schön begrünten Dach der Neukölln Arkaden ein. Hoch droben im »Klunkerkranich« kann man Stunden verbringen und die Welt da unten völlig vergessen. Tolle Aussicht, hervorragende DJs und ein super Frühstück (alles natürlich auch für Nicht-Verliebte).
➥ www.klunkerkranich.de

Wenn's mal ein bisschen Luxus sein soll, ist die Rooftop-Bar des »Hotel de Rome« die erste Adresse. Bei einem Gläschen Champagner könnt ihr das fantastische Mitte-Panorama – Bebelplatz, Staatsoper Unter den Linden, Sankt Hedwigs-Kathedrale, Berliner Dom und Fernsehturm – von der Dachterrasse aus genießen. Und müsst dafür nicht mal Hotelgäste sein.
➥ www.roccofortehotels.com

TIPP

EIN BERLINER GERICHT KOCHEN

VEGANE BULETTEN À LA ZUCKER & JAGDWURST

www.zuckerjagdwurst.com
5–6 große Buletten / 10–12 kleine Buletten / 30 Minuten

Zutaten

- 100 g Sojagranulat
- 1 Zwiebel
- 15 g glatte Petersilie
- 1 helle Schrippe vom Vortag
- 1 Dose (230 g) Kidneybohnen
- 65 g Senf

- 1 EL Gemüsebrühepulver
- 1 TL Paprikapulver edelsüß
- 1 Prise Muskat
- Salz & Pfeffer
- 100 g Paniermehl
- Öl zum Anbraten

Zubereitung

1. Das Sojagranulat in eine Schüssel geben und mit kochendem Wasser bedecken. Etwa 10 Minuten ziehen lassen, dann das Wasser abgießen und das Sojagranulat kräftig ausdrücken.
2. In der Zwischenzeit die Zwiebel schälen und fein schneiden, die Petersilie waschen und klein schneiden und die Schrippe ebenfalls zerkleinern.
3. Die Kidneybohnen in einem Sieb abgießen, mit etwas Wasser abbrausen und die Flüssigkeit abtropfen lassen.
4. Sojagranulat, Zwiebel, Petersilie, Brötchen und Kidneys in einer Schüssel miteinander vermengen. Die Masse mindestens fünf Minuten gut mit den Fingern kneten.
5. Senf, Gemüsebrühepulver, Paprikapulver edelsüß, Muskat, Salz und Pfeffer unterkneten.
6. Aus der Masse Buletten formen. Einen tiefen Teller mit Paniermehl füllen und die Buletten darin wenden.

7. Pfannenboden mit Öl bedecken und die Buletten darin 5–7 Minuten knusprig braun braten.
8. Auf einem Tuch abtropfen lassen und direkt servieren.

Auf dem wunderbaren veganen Foodblog gibt's passend dazu noch ein Gurkensalat-Rezept - yammy!

NOTIZEN

LIEBLINGSMENSCHEN UNTERWEGS

MIT DEM LIEBLINGSMENSCHEN

Seite an Seite
Kultur erleben

DEN FRÜHLING ZELEBRIEREN

DIE KIRSCHBLÜTE IN DEN GÄRTEN DER WELT

Blumberger Damm 44, 12685 Berlin
www.gaertenderwelt.de, barrierefrei
ÖPNV: Haltestelle Blumberger Damm/Gärten der Welt oder Kienbergpark

Hanami heißt übersetzt »Blüten betrachten«. Bei dem japanischen Frühlingsfest nimmt man sich die Zeit, die Schönheit der blühenden Kirschbäume, Sakura, zu zelebrieren. Und sich ihre Vergänglichkeit bewusst zu machen, denn das Naturschauspiel ist nach ein paar Tagen schon wieder vorbei. Wer es einmal miterleben möchte, muss allerdings nicht erst ins Land des Lächelns reisen. Nach Marzahn reicht schon! Denn im April eröffnet die Kirschblüte auch die Saison in den Gärten der Welt – ein Ereignis, den sich sowohl Japan- als auch Florafans schön rosa im Kalender markieren sollten.

Unsere kleine Hanami-Tour beginnt im Chinesischen Garten; schon der Weg dahin ist gesäumt von bezaubernden Zierkirschen- und Magnolienbäumen. Begleitet von Vogelgezwitscher und der Frühlingssonne betreten wir den »Garten des wiedergewonnenen Mondes« – der Mond steht hier symbolisch für die Wiedervereinigung Berlins nach dem Mauerfall – und überqueren die kleinen Brücken, die zum Teehaus führen. Auf der Terrasse genießen wir einen frisch zubereiteten Lao Ying Tee und den beruhigenden Blick auf den See, der den wunderschönen Namen »Spiegel des Himmels« trägt. Romantischer Tipp am Rande: Im Steinboot direkt am Wasser kann man seinem Lieblingsmenschen das Jawort geben.

Schön entspannt bewegen wir uns weiter zum »Japanischen Garten des zusammenfließenden Wassers«. Er besteht aus drei Teilen, die sinnbildlich für Vergangenheit, Gegenwart und Zukunft stehen und

durch Wege miteinander verbunden sind. Auf der Anhöhe halten wir inne und blicken hinab auf den kleinen, mit Steinen gesäumten Bach und das Blütenmeer; wie Schneeflocken rieseln die Blüten bereits

zu Boden. Nur noch wenige Tage und die Pracht wird vergangen sein. Mit diesen Bildern und Gedanken im Kopf passieren wir den Pavillon und verweilen noch eine kleine Weile im Zen-Garten, bevor wir unsere Blütenreise fortsetzen.

Draußen erwartet uns das pralle Leben: Gleich hinter dem Japanischen Garten wird der wunderschöne Kirschbaumhain als Kulisse für allerlei Fotoshootings genutzt. Und nicht nur das! Wie in Japan wird unter den Bäumen gepicknickt. Also breiten auch wir unsere Decke aus, futtern die mitgebrachten Sushi und berauschen uns am üppigen Weiß und Rosa. Wer es gern etwas ruhiger mag, kommt am besten vormittags unter der Woche hierher. Habt ihr nichts gegen etwas Trubel, solltet ihr euch an dem Hanami-Wochenende das Programm mit Kampfkunst, Kostümen und Kumidaiko-Klängen nicht entgehen lassen.

Nach einem Abstecher in den Koreanischen Garten mit seinen schamanischen Steinfiguren und Götterbäumen runden wir unseren Spaziergang mit dem Balinesischen Garten in der Tropenhalle ab. Unser Resümee: ein paar Stunden Hanami in den Gärten der Welt ist wie ein gemeinsamer Kurzurlaub.

Neben der Kirschblüte sollte man sich eine weitere Attraktion nicht entgehen lassen: die 2017 für die Internationale Gartenausstellung errichtete Seilbahn. Eine Fahrt lohnt sich, allein schon wegen des erhebenden Gefühls, in 25 Metern Höhe zu schweben! Aus der Kabine heraus lässt sich das gesamte Areal und der angrenzende Kienbergpark überblicken. Auf halber Strecke wird an der Aussichtsplattform Wolkenhain gehalten; bei guter Sicht sieht man in der Ferne, hinter den Plattenbauten, bis zum Fernsehturm.

FREUNDE SIND GÄRTEN,

IN DENEN MAN SICH AUSRUHEN KANN.

(ANTOINE DE SAINT-EXUPÉRY, SCHRIFTSTELLER)

DEM 1. FC UNION BERLIN GANZ NAH SEIN
STADION AN DER ALTEN FÖRSTEREI

An der Wuhlheide 263, 12555 Berlin
www.altefoersterei.berlin, barrierefrei
ÖPNV: Haltestelle Köpenick, Alte Försterei

»Wer schießt gern ein Extrator? Eisern Union, Eisern Union!«, sang Nina Hagen zum ersten Mal 1998 vor 3300 Zuschauer:innen im heimischen Stadion An der Alten Försterei. Es ist die neue Hymne »ihres« Vereins, des 1. FC Union Berlin, der damals in der dritten Liga spielte und noch gar nicht so viele Extratore schoss. Dann aber, nach nervenaufreibenden Zeiten, kickten sich die Köpenicker mit Trainer Urs Fischer 2019 endlich in die erste Bundesliga und ganz Berlin bebte. National gesehen hat das Stadion damit an Bedeutung gewonnen; für die Fans war und ist es schon immer eine Art Wohnzimmer. Und was macht man, wenn zu Hause was kaputt geht und das Geld knapp ist? Selbst Hand anlegen natürlich. So geschehen in der Saison 2008/2009, als mehr als 2300 (!) Fans gemeinsam ihren Lieblingsort saniert haben. Und eine schriftliche Liebeserklärung gab's noch obendrauf: »Unsere Liebe. Unsere Mannschaft. Unser Stolz. Unser Verein«, steht in großen Lettern Weiß auf Rot auf der Tribünenüberdachung.

Eine Führung durch das 1920 erbaute und größte »reine« Fußballstadion Berlins – über 22.000 Zuschauer:innen finden hier Platz – ist sicherlich für Fußballbegeisterte jeglichen Alters eine feine Sache, gewährt sie doch Einblicke in Winkel, zu denen auch die treuesten Fans sonst keinen Zugang haben. So kann man einmal in die Umkleidekabinen kieken, einen Blick in den Pressekonferenzraum und den VIP-Bereich werfen – und schließlich selbst durch den Spielertunnel zum heiligen Rasen laufen.

STADION AN DER ALTEN FÖRSTEREI

SICH IN
FOTOGRAFIEN VERLIEREN
C/O BERLIN

Hardenbergstraße 22–24, 10623 Berlin
www.co-berlin.org, barrierefrei
ÖPNV: Haltestelle Zoologischer Garten

»Wenn ich nur ein paar Stunden Zeit habe und ein bisschen Kultur aus Berlin mitnehmen will – was mache ich da?«, werde ich oft von Menschen gefragt, die geschäftlich in Berlin oder auf der Durchreise sind. Meine Antwort lautet fast immer: »Geh ins C/O Berlin. Ich komm mit.«

Das Ausstellungshaus für Fotografie gibt es seit 2000; gegründet wurde es mit der Absicht, den Arbeiten (noch) nicht etablierter Künstlerinnen und Künstler einen Raum zu bieten. Mit dem ehemaligen Postfuhramt in der Oranienburger Straße war der ideale Ort gefunden – und auch der Name: »C/O Berlin – Care of Berlin«. Neben den Werken des künstlerischen Nachwuchses hingen alsbald die der ganz Großen – Sibylle Bergemann, Peter Lindbergh, Martin Parr und, unvergesslich, Annie Leibovitz – an den leicht abgerockten, meterhohen Wänden des imposanten Gebäudes.

2014 fand das C/O Berlin im Amerika-Haus ein neues Zuhause, am Bahnhof Zoo, in unmittelbarer Nähe des Museums für Fotografie und der Helmut-Newton-Stiftung. In den neuen Räumlichkeiten herrscht ein anderes Ambiente. Die minimalistisch klaren Räume des 1956/57 erbauten Gebäudes lenken den Blick auf das Wesentliche: die Fotografie. Mit Fotoausstellungen von Anton Corbijn, Sebastião Salgado, Linda McCartney, Lee Friedlander und Berliner Größen wie Harald Hauswald und Harf Zimmermann wird ein internationales Publikum beständig in die City West gelockt. Und nimmt garantiert ein, zwei Bilder im Kopf mit nach Hause – oder in den ICE.

PER FERNROHR DURCH DIE GALAXIE
ARCHENHOLD-STERNWARTE

Alt-Treptow 1, 12435 Berlin
www.planetarium.berlin, Dauerausstellung kostenfrei
ÖPNV: Haltestelle Plänterwald oder Treptower Park

Ganz frech ragt es über der Eingangshalle hervor, das mit 21 Metern längste bewegliche Linsenfernrohr der Welt. Und noch zwei weitere Superlative hat die Archenhold-Sternwarte im Treptower Park zu bieten: Sie ist Deutschlands älteste und zugleich größte Volkssternwarte. Seit 1896 werden hier Sonne, Mond, Mars und Milchstraße durch besagte »Himmelskanone« beobachtet. Aber auch andere Instrumente kommen zum Einsatz: Bei der »Nacht auf der Sternwarte« etwa kann man Sternhaufen, Planeten und Gasnebel durch das 1962 erbaute Cassegrain-Spiegelteleskop sehen. Das Live-Event findet regelmäßig nach Einbruch der Dunkelheit statt; sollten die Sichtverhältnisse suboptimal sein, wird auf den künstlichen Sternenhimmel im Einstein-Saal ausgewichen, in dem Albert Einstein 1915 zum ersten Mal die Allgemeine Relativitätstheorie der Öffentlichkeit vorgestellt hat.

Aber auch tagsüber kann man mit einem kleinen Lieblingsmenschen das Universum erkunden und zum Beispiel bei der Show »Sternenmythen für Kinder« die Sternbilder von Andromeda bis zur Großen Bärin kennenlernen. Oder eine »Reise zum Mond« machen, bei der die verschiedenen Phasen des Mondes und die Raketen, die schon zu ihm geflogen sind, unter die Lupe genommen werden. Im Anschluss könnt ihr dann das Himmelskundliche Museum der Sternwarte erkunden und dort zum Beispiel ein über 283 Kilo schweres Trümmerteil des Arizona-Meteoriten aus dem Barringer-Krater inspizieren, Anfassen erlaubt!

Der Blick ins Weltall ist neben der Archenhold-Sternwarte noch an zwei weiteren Orten in der Hauptstadt möglich: In Schöneberg im 1965 eröffneten Planetarium am Insulaner, auf dessen Gipfel sich die Wilhelm-Foerster-Sternwarte befindet, und in Prenzlauer Berg im

Zeiss-Großplanetarium, das 1987 als einer der letzten DDR-Repräsentationsbauten zur 750-Jahr-Feier Berlins errichtet wurde. Seit seiner Rundumerneuerung 2016 zählt es zu den modernsten Wissenschaftstheatern Europas; im großen Kuppelsaal mit 360-Grad-Blick sorgt der Sternprojektor »Zeiss Universarium Model IX« für den ein oder anderen Wow!-Moment auf der Reise durch die Galaxien, wie etwa bei den Liveshows »Unendliche Weiten« oder »Wir sind nicht allein. Auf der Suche nach Leben im All«.

Spektakuläre Naturschauspiele wie eine Sonnenfinsternis – sie entsteht, wenn der Mond beim Umrunden der Erde vor die Sonne tritt – werden in allen drei Häusern live beobachtet und mit Sonderprogrammen gebührend begleitet. Also schon mal vormerken: Über Deutschland sind am 25. Oktober 2022 und 29. März 2025 die nächsten partiellen Sonnenfinsternisse zu sehen.

Manchmal muss der Kosmos für ganz irdische Vergnügen weichen, wie für das Hörspiel »Die drei ???« im 3D-Surround-Sound. Oder für Krimis und Klassiker der Weltliteratur, die im Rahmen der radioeins-Reihe »Hörspielkino unterm Sternenhimmel« im Frühjahr und Herbst in beiden Planetarien präsentiert werden; in den vergangenen Jahren waren das beispielsweise Volker Kutschers »Der nasse Fisch« oder Jules Vernes »In achtzig Tagen um die Welt«. Eine einmalige Gelegenheit, einfach mal nichts zu tun. Nur zuhören und zu zweit nach oben in den Sternenhimmel schauen.

AUS DEM LIEBLINGSBUCH VORLESEN: FÜNF RICHTIG GUTE GESCHICHTEN, DIE IN BERLIN SPIELEN

➤➤ Sarah Schmidt: »**Eine Tonne für Frau Scholz**«
Ein unsaniertes Berliner Mietshaus. Es ist Winter und Nina Krone stellt der alten und griesgrämigen Nachbarin Frau Scholz einen Eimer Kohle vor die Tür – der Beginn einer ungewollten Freundschaft.

➤➤ Irmgard Keun: »**Das kunstseidene Mädchen**«
Das Tagebuch der mittellosen und (t)rotzigen Doris, die im Berlin der Weimarer Republik ein glanzvolles Leben anstrebt. Ganz wunderbar auch als Hörspiel, gelesen von Fritzi Haberland. (Erstmals erschienen 1932)

➤➤ Katja Oskamp: »**Marzahn, Mon amour**«
Die Autorin sattelte um auf Fußpflegerin, und irgendwann begann ihre Kundschaft zu erzählen. Die »Geschichten einer Fußpflegerin« sind rührend, komisch und traurig. Wie das wahre Leben eben.

➤➤ Volker Kutscher & Kat Menschik: »**Moabit**«
In den Gereon-Rath-Krimis spielt Charlotte Ritter eine Nebenrolle; hier wird sie zur Protagonistin. Das kleine feine Büchlein erzählt ihre bewegte Vorgeschichte und ist detailverliebt illustriert. Also auch was fürs Auge!

➤➤ Iris Hannika: »**Treffen sich zwei**«
Klingt wie der erste Satz eines Witzes, ist aber eine Kreuzberger Lovestory: Frau mittleren Alters trifft Mann mittleren Alters, es macht Peng und dann kommen die Zweifel – und das kleine Glück.

TIPP

STUMMFILME
MIT ORGELBEGLEITUNG
MUSIKINSTRUMENTEN-MUSEUM

Tiergartenstraße 1 (Besuchereingang Ben-Gurion-Straße), 10785 Berlin
www.simpk.de, barrierefrei
ÖPNV: Haltestelle Potsdamer Platz u.a

Wenn sich Nosferatu aufreizend langsam seinem Opfer nähert oder
Pola Negri als Carmen mitreißend tanzt, ist es neben dem Schauspiel
vor allem die musikalische Untermalung, die das Publikum in seinen
Bann zieht. Das war in der Stummfilmära in den 1910er und 1920er
Jahren nicht anders als heute. Für Film- und Musikliebhaber:innen bietet das Berliner Musikinstrumenten-Museum (MiM) ganz besondere
Leckerbissen: In der Reihe »Mittwochskino« wird von November bis
Februar einmal im Monat ein ausgesuchter Stummfilmklassiker gezeigt
und abwechselnd von Jörg Joachim Riehle oder Anna Vavilkina an
der Mighthy-Wurlitzer-Orgel begleitet. Virtuos entlocken sie der fast
100 Jahre alten Klangmaschine Donnergrollen, Vogelgezwitscher oder
Türenknarren und intensivieren mit ihrem Spiel dramatische Liebes-
szenen und Verfolgungsjagden.

Mit über 200 Registern, mehr als 1200 Pfeifen, einem Schlagwerk
und einer riesigen Palette an Geräuscheffekten ist sie die größte Theater-
und Kinoorgel ihrer Art in Europa. 1929 von der Rudolph Wurlitzer
Company in den USA gebaut, ließ Werner Ferdinand von Siemens,
musikbegeisterter Enkel des Firmengründers, sie nach Deutschland
bringen und in seiner Villa in Lankwitz installieren, wo sie den Zweiten Weltkrieg überstand; seit 1982 ist sie Bestandteil der umfangreichen
Instrumentensammlung des MiM. Die Filmvorführung findet übrigens
nicht etwa in einem separaten Kinosaal, sondern nach Einbruch der
Dunkelheit mitten im Museum statt.

NATUR UND KULTUR VERBINDEN
SCHLOSS & SCHLOSSPARK BIESDORF

Alt-Biesdorf 55, 12683 Berlin
www.schlossbiesdorf.de, barrierefrei
ÖPNV: Haltestelle Elsterwerdaer Platz oder Biesdorf

Stolz ragt der achteckige Schlossturm aus dem weitläufigen Land-
schaftspark empor – auch wenn es sich eher um ein Schlösschen oder
vielmehr eine Villa im spätklassizistischen Stil handelt, entworfen 1868
von Martin Gropius' Partner Heino Schmieden. Die Anreise – mit der
U5 oder S5 etwa zwanzig Minuten ab Alexanderplatz – lohnt sich allein
schon für einen Spaziergang durch den fünfzehn Hektar großen Park.
Besonders im goldenen Oktober ist er eine Augenweide und erstrahlt in
warmen Rot, Orange und Gelb – eine fantastische Kulisse für Herbst-
bilder von und mit dem Lieblingsmenschen!

Vom Schloss aus Richtung Norden flanierend stößt man auf die
Biesdorfer Parkbühne; hier finden in den Sommermonaten Konzerte
und Open-Air-Kinoabende statt. Womit wir bei der Kultur wären: In
der kleinen Dauerausstellung im Erdgeschoss des Schlosses erfährt
man mehr über Architektur und Geschichte des Hauses, das unter
anderem als Wohnsitz der Familie Siemens, Polizeidienststelle, Amt für
Volkswohlfahrt und Dorfclub fungierte, bevor es 1979 unter Denkmalschutz gestellt wurde. Heute beherbergt das Schloss Biesdorf die kom-
munale Galerie des Bezirkes Marzahn-Hellersdorf, die zeitgenössische
Kunst – oft mit Fokus auf den städtischen Raum – ausstellt. Auch ein
Besuch des Schlosscafés ist unbedingt zu empfehlen, der Apfelkuchen
ist ein Gedicht! Im Sommer ist die Terrasse geöffnet, sodass man bei
Kaffee und Törtchen den Blick immer wieder über das gepflegte Grün
des Parks schweifen lassen kann.

SICH DURCH DEN
KUNSTBUNKER LOTSEN LASSEN
SAMMLUNG BOROS

Reinhardtstraße 20, 10117 Berlin
www.sammlung-boros.de
ÖPNV: Haltestelle Oranienburger Tor oder Deutsches Theater

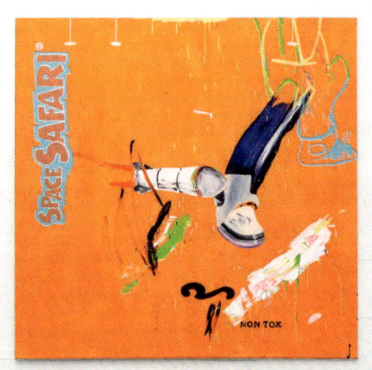

Die Geschichte des Betonriesen in der Reinhardtstraße ist eine bewegte: Mitten im Zweiten Weltkrieg erbaut, um den Angestellten des nahe gelegenen Bahnhofs Friedrichstraße bei Luftangriffen Schutz zu bieten, sollte der trutzige Hochbunker später mit Marmor verkleidet und Teil der geplanten »Welthauptstadt Germania« werden. Stattdessen wurde er von der Roten Armee zum Gefängnis umfunktioniert, dann zum »Bananenbunker« – zu DDR-Zeiten wurden hier Importe aus Kuba gelagert – und nach dem Mauerfall zu Berlins härtestem Techno-Club. Schließlich kaufte ihn der Unternehmer Christian Boros, ließ ihn fünf Jahr lang umbauen – und stellt seit 2008 häppchenweise seine umfangreiche Sammlung zeitgenössischer Kunst darin aus. Installationen von Olafur Eliasson, Skulpturen von Ai Weiwei und Fotografien von Wolfgang Tillmans wurde hier schon in Szene gesetzt.

Das Zusammenspiel von Kunst und Raum ist einzigartig. An den nackten Betonwänden sind noch Spuren der Vergangenheit zu erkennen. Alle paar Jahre wechselt die Ausstellung: Seit 2016 sind auf den 3000 Quadratmetern unter anderem Werke des Konzeptkünstlers He Xiangyu, der durch sein Cola Project Bekanntheit erlangte, krachbunte collagierte Bilder von Michel Majerus und raumgreifende Installationen von Katja Novitskova zu sehen.

Kunstliebende werden Freitag bis Sonntag in kleinen Gruppen durch die fünf Stockwerke geführt und äußert kurzweilig mit Informationen über die Künstler:innen und ihr Gesamtwerk gefüttert. Dabei kommt die Sprache auch immer wieder auf diesen ungewöhnlichen Ort, in dem so viel Stadtgeschichte steckt.

BEWEGUNG BEWUNDERN
HALLE TANZBÜHNE BERLIN

Eberswalder Straße 10, 10437 Berlin
toula.de
ÖPNV: Haltestelle Eberswalder Straße
oder Friedrich-Ludwig-Jahn-Sportpark

Berlins Hinterhöfe stecken voller Überraschungen. In Prenzlauer Berg etwa befindet sich hinter einer alten Polizeiwache eine grüne Oase – und ein Tempel des zeitgenössischen Tanzes. »HALLE« steht in großen Lettern über dem Eingang; in der über 100 Jahre alten Turnhalle können 140 Zuschauerinnen und Zuschauer die Compagnie Toula Limnaios live erleben.

Das Ensemble wurde 1996 von der Choreografin Toula Limnaios und dem Komponisten Ralf R. Ollertz ins Leben gerufen, 2003 folgte mit der Halle Tanzbühne eine eigene Produktions- und Spielstätte. Toula Limnaios arbeitete vier Jahre am Folkwang Tanz Studio mit Pina Bausch. Jedes Jahr entwickelt sie mit ihren Tänzerinnen und Tänzern zwei neue Stücke, die sich meist mit menschlichen Emotionen und gesellschaftlichen Entwicklungen auseinandersetzen. Die Resultate sind eindringlich, poetisch, berührend, verstörend, herausfordernd und körperlich zugleich. Das tänzerische Bewegungsvokabular jedes einzelnen Ensemblemitglieds ist atemberaubend, der Gruppenkörper perfekt eingespielt. Bühnenbild und Kostüme bestechen durch ihren Minimalismus; für jedes Werk schreibt Ralf R. Ollertz die Musik, die während der gemeinsamen Proben im Raum mit den Tanzenden entsteht. Für ihre Arbeit wurde die Compagnie 2012 mit dem renommierten Tabori Preis ausgezeichnet.

Wer nach der Vorstellung die gewonnenen Eindrücke noch mit seiner Begleitung teilen möchte, macht am besten einen kleinen Spaziergang zum Weinerei Forum in die Fehrbelliner Straße 57.

BILDSCHÖN ENTSPANNEN
LIEBERMANN-VILLA AM WANNSEE

Colomierstraße 3, 14109 Berlin
www.liebermann-villa.de, eingeschränkt barrierefrei
ÖPNV: Haltestelle Liebermann-Villa

Ein leichter Wind weht, Möwen kreisen über dem Wannsee, der Blick wandert versonnen hinüber zum Strandbad. Da steht man nun nebeneinander auf dem Bootssteg an der Uferseite des Liebermann'schen Anwesens und kann nur seufzen ob so viel Schönheit. Und die Verzückung nimmt kein Ende: Auf dem berühmten Birkenweg, der zurück zur Villa führt, meint man in einem lebendig gewordenen impressionistischen Gemälde des Hausherrn zu lustwandeln. Kein Wunder, dass dieser Ort Max Liebermann (1847–1935) zu mehr als 400 Werken inspirierte. Viele davon sind in der ständigen Ausstellung der Museumsvilla zu sehen, ebenso wie das aufwendig restaurierte Gemälde »Martha Liebermann und Enkelin«. Neben dem Garten waren ihm seine Frau, Tochter Käthe und Enkelin Maria die liebsten Motive in der letzten Schaffensphase.

Liebermann, der sowohl Präsident der Künstlergruppe Berliner Secession als auch der Preußischen Akademie der Künste war, ließ sich sein »Schloss am See« 1909 bauen und gestaltete den perfekt komponierten Garten mit. Hier verbrachte er mit seiner Familie die Sommermonate; ein erholsamer Kontrapunkt zum umtriebigen Berlin, wo sie am Pariser Platz lebten. Es braucht nicht viel Fantasie, um sie sich auf der Blumenterrasse vorzustellen, auf der heute Schöngeister und Gartenfreunde bei Kaffee und Kuchen die Aussicht auf Heckengärten und Rasen genießen.

Möchte man Birkenweg und Bauerngarten selbst auf die große Leinwand bringen, kann man sich für einen der Malkurse anmelden, die im Sommer am Originalschauplatz stattfinden.

UNTERWASSERWELTEN ERFORSCHEN
AQUARIUM BERLIN

Budapester Straße 32, 10787 Berlin
www.aquarium-berlin.de
ÖPNV: Haltestelle Budapester Straße oder Zoologischer Garten

Clownfisch, Hai und Meeresschildkröte kennt mein Patenkind nur als animierte Meeresbewohner:innen aus »Findet Nemo« und »Findet Dorie«. Dabei leben in Berlin sogar alle drei unter einem Dach: im historischen Aquarium Berlin. Und mit ihnen über 800 andere Tierarten! Grund genug, einmal gemeinsam dort abzutauchen.

Schon am ersten Becken ist die Verzückung groß: zwei zarte Seepferdchen-Babys schweben durchs Wasser. Der Infotafel ist nicht nur zu entnehmen, dass sie in Südaustralien und Neuseeland beheimatet sind, sondern auch, wie die beiden gezeugt wurden: Nachdem ihre Eltern ausgiebig miteinander getanzt hatten, hat die Mama ihre Eier einfach in das Beutelchen des Papas gelegt – und er hat dann die Babys austragen. Wie fortschrittlich!

Ob Ballonkopf-Erdfresser, Prachtkopfsteher und Pinzettfisch, die Namen der Fische sorgen für Erheiterung. Und wie schön die Regenbogenfische aus Neuguinea schimmern! Etwas unheimlich hingegen wirkt der 1,50 Meter lange australische Lungenfisch, der neben den Kiemen auch einen Lungenflügel zum Atmen besitzt. Er gilt als lebendes Fossil, und seine Vorfahren schwammen schon vor über 100 Millionen Jahren auf dem Grund der Süßgewässer Australiens umher. Seit 400 Millionen Jahren besiedeln Haie die Weltmeere, der größte seiner Art ist der über 14 Meter lange Walhai. Der würde natürlich nicht ins Berliner Haifischbecken passen; hier zieht der wendige Schwarzspitzen-Riffhai seine Runden und flößt mit seinen ruckartigen Wendema-

növern trotz Glasscheibe ganz schön Respekt ein. Und da, im bläulich schimmernden Licht, schweben die berühmten Quallen, oder schöner: Medusen elfengleich durchs Wasser. Lange schauen wir ihren schwerelosen und hypnotisierenden Bewegungen zu und vergessen dabei fast

die Zeit. Wo doch im ersten Stock schon die Reptilien und Amphibien auf uns warten! Und tatsächlich: Neben einer waschechten Anakonda und der grasgrünen Baumpython gibt es hier auch Leguane und Brückenechsen. Und Pantherchamäleons, die ihre Hautfarbe je nach Stimmungslage oder zur Tarnung wechseln; ihr niedlicher Nachwuchs wächst gerade in Tarnfarben heran, bis er wie die Großen in Orange, Gelb, Grün und Blau schillert. Die lange Zunge kommt von Anfang an zum Einsatz.

In der historischen Krokodilhalle – bei der Eröffnung des Aquariums 1913 war sie das erste begehbare Tiergehege der Welt – herrschen tropische Temperaturen.Langsam bewegen wir uns über die Brücke und entdecken zunächst eine Terekay Schienenschildkröte, dann zwei dösende Krokodilkaimane, deren friedlicher Anblick allerdings täuscht: Sie gelten als recht angriffslustig. Auf der anderen Seite blicken wir auf ein Paar Ganges-Gavialen, die sieben Meter (!) lang werden können; man erkennt sie an der langen, schmalen Schnauze, mit der sie hauptsächlich Fische erbeuten. Noch mehr über Aligatoren & Co. erfährt man dienstags und freitags um 11 Uhr bei der Fütterung und dem »Krokodil-Talk«. Im zweiten Stock könnt ihr abschließend noch kleines Getier unter die Lupe nehmen: Vogelspinnen und Gottesanbeterinnen, Skorpione und Schmetterlinge sowie Kakerlaken – und 100.000 geschäftige Ameisen.

Wer danach noch immer nicht genug Tiere gesehen hat, kann im Berliner Zoo – es gibt Kombitickets – noch die bambusknabbernden Pandas Meng Meng, Jiao Qing, Pit und Paule oder das im Februar 2021 geborene Gorillakind Tilla besuchen.

VIBRIEREN UND MEDITIEREN: DER SUMMSTEIN

➤➤ »Was macht eigentlich diese komische Steinskulptur hier?«, fragt man sich, wenn der kleine Lieblingsmensch im Sand buddelt und der Blick über den Spielplatz an der Bartningallee schweift. Hier, zwischen Akademie der Künste und Schlosspark Bellevue, zwischen Schaukeln und Sandkasten? Des Rätsels Lösung: Es ist ein Summstein. Man steckt einfach seinen Kopf in die Aushöhlung, das sogenannte Summloch, nimmt einen tiefen Atemzug und summt mit dem Ausatmen so lange und so tief wie möglich. Wenn man »seinen« Ton gefunden hat, ist der Effekt genial: Die Schwingungen erzeugen ein angenehmes Vibrieren, erst am Kopf, dann im Hals; manche spüren ein Kribbeln am ganzen Körper.

Auf einer Tafel wird auf das prähistorische Vorbild auf Malta – vermutlich im unterirdischen Höhlenlabyrinth Hypogäum – verwiesen, wo der Klangkörper wohl zum Orakeln diente. In anderen Kulturen soll er zur Meditation und Heilung genutzt worden sein. Die meditative Wirkung könnt ihr gleich selbst ausprobieren: Den Summvorgang einfach mehrere Male wiederholen und dann auf die Wiese setzen, die Augen schließen und nachspüren.

TIPP

IM KLAVIERKLANG SCHWELGEN

PIANO SALON CHRISTOPHORI

In den Uferhallen, Uferstraße 8, 13357 Berlin
www.konzertfluegel.com
ÖPNV: Haltestelle Pankstraße oder Nauener Platz

Wie eine sanfte Woge ergreifen bereits die ersten Takte von »Ich bin der Welt abhanden gekommen« das Publikum und tragen es in himmlische Sphären; hingebungsvoll singt der norwegische Bariton Johannes Weisser das Mahler'sche Lied, fast zärtlich begleitet von Daniel Heide am schwarz polierten Grotrian-Steinweg-Flügel. Nach dem Applaus ist man geneigt, die Rührung mit einem Schlückchen Rotwein hinunterzuspülen, um wieder emotionalen Platz für die Zugabe zu schaffen.

Liederabende wie diese sind der Piano-Leidenschaft eines Mannes zu verdanken. In seiner Werkstatt in den Weddinger Uferhallen restauriert der Arzt Christoph Schreiber historische Klaviere und veranstaltet regelmäßig Kammermusikkonzerte. Dann wird die Halle zum Piano Salon Christophori, der an die Tradition der Pariser Salonkonzerte im 19. Jahrhunderts anknüpft – nur eben auf Berliner Art. In unprätentiöser Werkhallenatmosphäre musizieren die Künstler:innen eingerahmt von abstrakter Kunst, alten Kronleuchtern und weiteren Konzertflügeln. Das Publikum sitzt auf zusammengewürfelten Stühlen; die direkte Nähe zur Musik schafft eine ganz besondere Intensität, die anders ist als in den großen Berliner Konzerthäusern.

Die Karten für sich und seinen musikbegeisterten Lieblingsmenschen reserviert man online. Am Einlass erfahrt ihr, in welcher Reihe ihr sitzt; auf den Stühlen liegen dann Namenszettel. Das ist irgendwie charmant, wie Tischkarten bei einer großen Feier. Und sobald die ersten Klänge ertönen, ist es ja auch tatsächlich ein Fest. Für die Ohren.

FILME
OHNE ENDE ANSEHEN
INTERNATIONALE FILMFESTSPIELE BERLIN

www.berlinale.de
ÖPNV: Haltestelle Potsdamer Platz, Alexanderplatz, Zoologischer Garten
oder Friedrichstraße

Das Licht im Saal geht aus. Auf der Leinwand erscheint der Goldene Bär, verschmilzt mit unzähligen Doppelgängern zu einer riesigen Kugel, die in der Ferne zum Feuerwerk wird und schließlich als Goldregen sanft über den Köpfen des Kinopublikums hinabrieselt ... Der Berlinale-Trailer mit seiner unverkennbaren Melodie ist eines der schönsten Rituale des Filmfestivals; er wird vor jeder Vorführung abgespielt und zaubert Filmfans gern mal ein seliges Lächeln auf die Lippen.

Am schönsten gestalten sich diese zehn filmverrückten Tage im Februar mit einem Menschen an der Seite, der ebenso innbrünstig zum Potsdamer Platz oder Zoo Palast pilgert wie man selbst. Jemand, in dessen Ohren der Satz »Ich habe Berlinale-Karten!« Musik ist. Weil er oder sie weiß, dass es manchmal einer mittelschweren Anstrengung bedarf, sie zu ergattern; trotz Online-Verkauf sind die langen Schlangen vor den Vorverkaufsstellen legendär. Der wahre Cineast jedoch beschwert sich nicht darüber und studiert beim Anstehen noch mal intensiv das Programm oder fachsimpelt mit anderen cinephilen Wartenden. Und dann, endlich, dieser Moment der Freude, ja des Triumphes, wenn man die Wunschtickets in den Händen hält!

1951, mitten im Wiederaufbau der Stadt, fanden die Internationalen Filmfestspiele Berlin – so der offizielle Titel – im West-Berliner Kino »Titania« zum ersten Mal statt. Seit 1956 sind sie ein A-Kategorie-Festival. Was sie von anderen »Großen« wie Cannes oder Venedig unterscheidet: Die Berlinale war von Beginn an ein Publikumsfestival.

In Scharen strömte die Berliner Bevölkerung in die Kinos, und das ist bis heute so geblieben. Wo sonst hat man Gelegenheit, Filme aus dem Sudan, Paraguay, Georgien oder kurz: der ganzen Welt auf der großen Leinwand zu sehen? Noch dazu keine glatt gebügelten Hollywood-Produktionen, sondern experimentelle, unbequeme, schrille, poetische und vor allem politische Filme? Und wo, bitte schön, kann man direkt im Anschluss an die Vorführung den Regisseur:innen Fragen zu ihrem Werk stellen (oder einfach nur dabei zuhören, wenn es andere tun)? In dieser Vielfalt sicherlich nur auf der Berlinale.

Natürlich lockt auch der rote Teppich, über den die Stars vor der Filmpremiere im Berlinale-Palast schreiten. Ein Abstecher dahin lohnt sich für alle, die einmal Tilda Swinton, Patrick Stewart oder Isabella Rossellini in natura sehen möchten. Tatsächlich stehen die Chancen aber auch nicht schlecht, zufällig neben Brad Pitt an der roten Ampel zu stehen oder Cate Blanchett beim Shoppen in Mitte zu begegnen.

Wer sich auch für die Geschichten hinter den Filmen interessiert, kann am Ende jedes Berlinale-Tages live und vor Ort den radioeins Berlinale Talk in der xXLounge im CinemaxX verfolgen. Kino King Knut Elstermann lässt dort gemeinsam mit einem prominenten Gast noch einmal den Tag Revue passieren und berichtet über Wettbewerbsbeiträge und Highlights aus anderen Sektionen wie dem Panorama, der Perspektive Deutsches Kino oder dem Forum.

Die Berlinale endet jedes Jahr mit dem traditionellen Publikumstag, an dem noch mal von früh bis spät ausgesuchte Filme – darunter auch viele Preisträger – in den Kinos laufen. Hierfür gibt es schon recht früh Karten im Vorverkauf – also am besten schnell zuschlagen!

NOCH MEHR KINO!
BERLINER FILMFESTIVALS

Neben der Berlinale gibt es in der Hauptstadt noch über 50 (!) weitere, kleinere Filmfestivals mit den unterschiedlichsten Schwerpunkten. So feiert »Around the World in 14 Films« das Weltkino mit einer Art »Best of« der A-Kategorie-Festivals, während bei »achtung berlin« ausschließlich Produktionen laufen, die einen direkten Bezug zur Hauptstadt haben. Die »Berlin Feminist Film Week« steht für weibliche Werke, die stereotype Geschlechterrollen in Frage stellen, und bei »Unknown Pleasures« kommt nur feinste Independent-Kost aus den USA auf die Leinwand. Auf kurze Kinder- und Jugendfilme spezialisiert ist »KUKI«; der große Bruder »interfilm« zeigt jedes Jahr im November satte 500 internationale Kurzfilme. Einblicke in das frankophone Filmschaffen gibt die »Französische Filmwoche Berlin«, während »filmPolska« das der polnischen Nachbarn präsentiert. Und das »ZEBRA Poetry Film Festival«? Das beglückt sein Publikum jedes Jahr aufs Neue mit den besten Gedichtverfilmungen. Und, und, und …

Eine Übersicht aller Berliner Filmfestivals gibt es unter
➤➤ www.berliner-filmfestivals.de.

TIPP

KUNST ATMEN
AM WALDESRAND
BRÜCKE-MUSEUM

Bussardsteig 9, 14195 Berlin
www.bruecke-museum.de
ÖPNV: Haltestelle Brücke Museum/Kunsthaus Dahlem

Während man die hellen Räume durchstreift, geben bodentiefe Fenster immer wieder den Blick auf den begrünten Innenhof und den angrenzenden Grunewald frei; die Einladung der schwarzen Ledersessel, sich zurückzulehnen und in aller Ruhe die Kunst an den Wänden zu betrachten, nimmt man gern an. Dieser Ort atmet den Geist des Bauhauses und ist ein echtes Kleinod unter den Berliner Museen.

Gegründet wurde die Künstlervereinigung »Brücke« um Karl Schmidt-Rottluff, Erich Heckel, Fritz Bleyl und Ernst Ludwig Kirchner 1905 in Dresden. Ihre bewusst ungeschliffenen und intuitiven Werke entsprachen jedoch keinesfalls dem wilhelminischen Kunstverständnis. 1911 – mittlerweile zählten auch Emil Nolde und Max Pechstein dazu – zogen die Künstler nach Berlin und avancierten mit zu den bedeutendsten Vertretern des deutschen Expressionismus. 1913 löste sich die Gruppe auf; im Dritten Reich wurden ihre Werke von den Nationalsozialisten als »entartete Kunst« herabgestuft. Auf Initiative Schmidt-Rottluffs schuf der Berliner Architekt Werner Düttmann 1964–67 das Museum in Dahlem, das eine der weltweit größten Sammlungen zur Brücke-Kunst beherbergt. Zudem werden wechselnde Ausstellungen zeitgenössischer Künstlerinnen und Künstler gezeigt, durch die jeden Samstag eine versierte Kunstvermittlerin führt.

Im museumseigenen Garten und dem Café im benachbarten Kunsthaus Dahlem lässt es sich im Anschluss noch ganz hervorragend über das Zusammenspiel von Kunst, Architektur und Natur philosophieren.

DER HOCHKULTUR FRÖNEN
DEUTSCHE OPER BERLIN

Bismarckstraße 35, 10627 Berlin
www.deutscheoperberlin.de, barrierefrei
ÖPNV: Haltestelle Deutsche Oper

Ein Opernbesuch beginnt im Grunde schon mit der gemeinsamen Vorfreude. »Ich hab zwei Karten für Tosca, kommste mit?« – »Echt? Ja klar! Wenn schon Oper, dann Pucchini!« Ist der Tag gekommen, ziehen wir uns etwas Schickes an, packen Taschentuch, Portemonnaie und Smartphone in die kleinstmögliche Handtasche und treffen uns in der U2. Kaum tauchen wir aus dem Untergrund auf, streckt sie sich vor uns 70 Meter in die Länge, die Deutsche Oper, parallel zur vielbefahrenen Bismarckstraße. Ein minimalistischer Bau der Nachkriegsmoderne, entworfen von Fritz Bornemann, eröffnet 1961.

Gerade noch pünktlich schaffen wir es zur Einführung, die 45 Minuten vor Vorstellungsbeginn über die Entstehung von Pucchinis Werk und die Charaktere informiert. Im Foyer, an der Garderobe, auf der luftigen Freitreppe, überall liegt eine freudige Erregung in der Luft, die auch im sich füllenden Zuschauerraum zu spüren ist. Dessen Architektur gilt als »demokratisch«: keine U-Form, keine »besseren Plätze«, die Sicht auf die Bühne ist für alle gleich. Und dann, endlich: Das Licht geht aus, das Publikum verstummt, der Vorhang hebt sich – und alles andere ist vergessen. Drei Akte lang lieben und leiden wir mit Tosca und Caravadossi; ihre Stimmen verursachen Gänsehaut, treffen mitten ins Herz und rühren zu Tränen. Gesungen wird auf Italienisch, deutsche und englische Übertitel sind eingeblendet. Nach drei Stunden, zwei Pausen und einem Gläschen Prosecco dann das tragische Ende. Applaus! Der Vorhang hebt und senkt sich, wir klatschen, klatschen, klatschen. Und treten beseelt »Vissi d'arte« summend den Heimweg an.

STREET-ART ENTDECKEN
URBAN NATION

Bülowstraße 7, 10783 Berlin
www.urban-nation.com, barrierefrei, Eintritt frei
ÖPNV: Haltestelle Nollendorfplatz

Wenn der 16-jährige Neffe seinen Berlinbesuch ankündigt, stellt die gewissenhafte Tante natürlich sofort eine teenagerkompatible To-do-Liste auf. Ganz oben rangiert da das URBAN NATION – der Junge steht auf Hip-Hop und Street-Art, und das 2017 eröffnete Museum kuratiert und dokumentiert urbane Kunst. In der bisher dritten Ausstellung »Martha Cooper: Taking Pictures« kann man beispielsweise ganz tief in die Anfänge der New Yorker Graffiti-Bewegung eintauchen und begreift dabei die Sprengkraft dieser Kunstform, die in den 1970er Jahren höchst illegal ihren Anfang nahm und 50 Jahre später (fast) salonfähig geworden ist.

Das URBAN NATION realisiert auch selbst Kunst im Stadtraum; so entstand 2021 in Kooperation mit Amnesty International und der globalen Street-Art-Community eine erste »Brave Wall« in der Gitschiner Straße. Das riesengroße Wandbild der Künstlerin Katerina Voronina ist allen Frauenrechtlerinnen und dabei insbesondere der 2018 ermordeten brasilianischen Politikerin Marielle Franco gewidmet. Da es aus der U1 gut zu sehen ist, bietet es sich an, im Anschluss an den Museumsbesuch Richtung Warschauer Straße zu fahren und dem Kunstwerk aus dem Zug Respekt zu zollen.

Und wo man schon im Thema und in Kreuzberg ist, kann man sich auch eines der bekanntesten Berliner Murals ansehen: Victor Ashs »Astronaut/Kosmonaut«. Seit 2007 schwebt der überdimensionale Mann aus dem Weltraum an einer Brandwand in der Oranienstraße; er symbolisiert den »Wettlauf im All« der beiden Großmächte USA und UdSSR im Kalten Krieg.

ÜBER EIN NEUES STÜCK DISKUTIEREN
MAXIM GORKI THEATER

Am Festungsgraben 2, 10117 Berlin
www.gorki.de, barrierfrei
ÖPNV: Haltestelle Am Kupfergraben, Staatsoper
oder Museumsinsel

Etwas versteckt hinter der Alten Wache und flankiert von Humboldt-Universität und Deutschem Historischen Museum liegt, recht hübsch anzuschauen, Berlins kleinstes Staatstheater. Doch sollte man sich von der klassizistischen Fassade keinesfalls täuschen lassen: Drinnen geht es divers, aktivistisch und tagesaktuell zu. Mit seinem Gegenwartstheater und einem postmigrantischen Ensemble mischt das Gorki seit 2013 unter der Intendanz von Shermin Langhoff und (bis 2019) Jens Hillje die deutsche Theaterszene auf; die Fachzeitschrift »Theater heute« kürte es gleich zweimal, 2014 und 2016, zum »Theater des Jahres«.

Die Geschichte des Hauses am Festungsgraben ist immer auch ein Spiegel der Zeit gewesen: Errichtet wurde es 1823–1827 nach Entwürfen von Karl Friedrich Schinkel für die Berliner Singakademie; es war der erste öffentliche Konzertsaal Berlins. Noch im Eröffnungsjahr hielt Alexander von Humboldt hier seine freien Kosmos-Vorlesungen, in denen er einer breiten Öffentlichkeit seine »Weltbeschreibung« in einfacher Sprache darlegte; 1848 tagte im gleichen Saal die Preußische Nationalversammlung. Nachdem die Singakademie im Zweiten Weltkrieg stark zerstört worden war, wurde sie 1945 rekonstruiert und 1952 als Maxim Gorki Theater wiedereröffnet. Jahrzehntelang arbeiteten hier die bedeutendsten Regisseur:innen der DDR, wie etwa Heiner Müller, dessen Dramen »Die Korrektur« und »Der Lohndrücker« 1958 vor Ort uraufgeführt wurden. 1988, kurz vor dem Mauerfall, inszenierte Thomas Langhoff Volker Brauns »Übergangsgesellschaft«.

Direkt und provokativ bringt das Gorki von heute politische Themen auf die Bühne. 2016 wurde beispielsweise das »Exil Ensemble« gegründet, ein zweijähriges Modellprojekt, in dem sieben Neu-Berliner Schauspieler:innen aus Afghanistan, Syrien und Palästina ihrer

Profession nachgehen konnten. Gemeinsam mit der Hausregisseurin Yael Ronen entwickelten sie mehrere Stücke, unter anderem die viel beachtete »Winterreise«, in der das Publikum Deutschland aus der Sicht der geflüchteten Künstler:innen kennenlernt. Grundlage war eine zweiwöchige Bustour durch zehn deutsche Städte und Zürich, auf der das Ensemble viele unfreiwillig komische bis irritierende Begegnungen mit Einheimischen hatte. 2020 fanden auch die gesellschaftlichen und politischen Herausforderungen der Coronakrise ihren Weg auf die Bühne: In »Death Positive – State of Emergency«, das unter Covid-19-Bedingungen Premiere feierte, lässt Yael Ronen ihre ganz in weiße Schutzanzüge gewandeten Darsteller:innen über deren persönliche Erfahrungen in der Epidemie monologisieren und schenkt dem Publikum selbst dabei ihre typischen selbstironischen Comic-Relief-Momente.

Das Gorki kann aber auch Operette: In der 1931 von Mischa Spoliansky komponierten musikalischen Burleske »Alles Schwindel« bewegen sich die Gorki-Jungstars Jonas Dassler und Vidina Popov in extravaganten Fummeln singend und swingend über die Bühne, inklusive Stepptanz, Slapstick und Saltos. Es dauert nicht lange und die Stimmung schwappt auf das Publikum über; im Anschluss möchte man sofort tanzen, tanzen, tanzen gehen. Apropos: Im Gorki sind auch die Premierenfeiern offen für alle; nach dem Schlussapplaus ist das Publikum grundsätzlich zum Mitfeiern und Diskutieren eingeladen.

WIRKLICH GUTE FREUNDE SIND MENSCHEN,

DIE UNS GANZ GENAU KENNEN UND TROTZ-

DEM ZU UNS HALTEN.

(MARIE VON EBNER-ESCHENBACH, SCHRIFTSTELLERIN)